TRANSNATIONAL MANAGEMENT

トランスナショナル・マネジメント

アメリカ人に「NO」と言い、「YES」と言わせるビジネス奥義

山久瀬 洋二

IBCパブリッシング

カバーデザイン = 岩目地英樹（コムデザイン）

まえがき

　80年代のはじめ、私がアメリカで生活を始めたころは、日本経済の伸長に伴い、貿易摩擦が表面化しはじめていたときだった。その後のバブル経済華やかなりし時期を通して、私は日本の出版社の駐在員、その後はジャーナリストとしてニューヨークに暮らしていた。

　初めてアメリカの土を踏んだとき、最初の数ヵ月は見るもの聞くものすべて新しく、新たな生活を心から楽しんだものだ。

　ところが、やがて様々な現実に直面し、ビジネスの上でも私生活の上でもすべてがぎくしゃくし、うまく運ばなくなる。当時、私はそれをすべてアメリカのせいだと思ったものだ。おりしも日本経済の全盛期。アメリカでも日本経済の強さを賞賛する者、それを脅威と捉える者など、様々な人々が日本の成功とはなにかというテーマで本を書いたり講演を行ったりしていた。

　そして、日本は日本で、多くの人が世界からすでに学ぶものはないとまで豪語して、自らが成し得た成果に酔っていた。実際に、私の勤務していたオフィスに働く日本人も、日本の繁栄に鼻高々だったことを覚えている。

　そんな環境だったから、アメリカ人の作業が遅延したり、思うように頼んだものが納品されなかったり、または交渉ごとがもつれたりするたびに、「やれやれ、アメリカ人はしょうがないなあ」と心の中で思ったものだ。

　それも単に外部との交流だけではない。オフィスに勤務する同僚のアメリカ人にもなかなか満足できない。こいつら給料だけ高く

とって何をやっているんだろうと思い、こんなことだからアメリカの社会が混乱し、衰えてきているんだと考えたものだ。

実は、これは異文化のなかにほうり込まれた人間が最初にくぐるトンネルだ。新たに直面した別の社会に適応できないと、人は自らの文化のなかに逃げ込んで、相手を否定的に見ようとする。

それは、新たな経験のなかで不適応を起こした時の自己防衛の過程に他ならない。こうした人を私は「スーパー・ジャパニーズ」と呼んでいる。

ところが、これでは永遠に新しい環境に溶け込めない。そこで、次の段階としては、なんとか相手の文化の側に立って物事を見ようとする。しかし、その段階でも、まだあまり現地の文化を深く理解していないため、ついつい表面的な部分だけをとって、そこから物事を見ようとするのである。

この過程のなかで特に起こる現象は、自らが元々属していた文化を卑下する傾向だ。今度は逆に日本のことが全て奇妙に見えてきて、ともすれば日本の悪口ばかりを言ったりする。

そうした人の行動は、アメリカ人よりもアメリカ的だ。すなわち、時には攻撃的と思えるほどに相手を糾弾したり、極端に自己防衛に走り、自らの正当性を主張したりといった行動に出るのである。こういう人は「スーパー・ジャパニーズ」に対して「スーパー・擬似アメリカン」と表現したい。

実際アメリカに暮らす日本人の多くが、「スーパー・ジャパニーズ」か「スーパー・擬似アメリカン」かのどちらかに属し、なかなかそこから抜け出せずにいる。

残念なことに、いずれの部類に属する人も、自らが異文化での体験に疲れ、緊張し、不適応を起こしているにもかかわらず、多くは

そこのことにすら気付かずにいるのである。

　本当に二つの文化の間に立って生きていくには、バランスを保ちながら双方の文化の強い部分を楽しめるようにならなければならない。なかには才能があって、最初からこうした発想をもって新しい環境で生きてゆける人もいる。しかし通常は、ある程度の年月と経験とが必要だ。

　こうした試行錯誤のなかで考えなければならないことは、文化には見える文化と見えない文化があるということだ。

　多くの人は、相手の行動や言葉というような見える部分によって相手を判断する。しかし、その時に、相手の心の中にある、文化背景に基づいた意図や判断基準が見えていないために誤解が生まれ、時にはその人に腹をたてたり、低く評価したりといったことが起こってしまう。そして、その結果として「スーパー・ジャパニーズ」として、相手に対して高慢なコメントをしたりといったことが起きるのだ。そして、そうした評価をしている時、われわれは日本人の判断基準で相手を見ていることを忘れているのである。

　バブルの時代、数え切れない日本人が海外に出た。彼らの多くが異文化体験からくる不適応も手伝って、「スーパー・ジャパニーズ」として行動した。そして海外との交流が活発になるにつれ、日本国内にも「スーパー・ジャパニーズ」が増え、マスコミなどでもそうした発想に基づいた意見がたくさん披露された。その影響はバブルが崩壊して久しい現在でも、顕著に残っているどころか、自らが追い詰められた分だけさらに目立ってきている。

　見えない文化の存在を知り、柔軟性をもってそれを体験すること。そして、相手のみならず、自らの見えない文化をも認知して、現地の人とのコミュニケーションに誤解が生まれないようにすること。

これは、今後、国際社会で生き抜き、企業を世界企業に発展させるための必須条件だ。

えてして、人はビジネスと文化を分けて考える。

言葉さえ通じればコミュニケーションができるとか、お互いに誠意があり、やる気があればなんとかなるとか思っている人が結構いるが、そういう人に警告したい。たとえば、誠意という概念一つをとっても、文化が違えば解釈も違う。また、誠意の表し方だって異なってくる。

第一言葉が通じても、その言葉を表現する心の中が、文化によって異なるのだから大変だ。場合によっては、言葉に頼りすぎる分だけ、誤解が広がることだってあるのである。

そんなことを考えながら、国際社会でより友好的に、効率よくコミュニケーションをしてビジネスを進めるにはどうしたらよいか。それが本書のテーマである。

ビジネスの世界を見るならば、日本がバブルのときのように注目されなくなった分だけ、島国日本からやってきた過保護な駐在員では誰も振り向いてくれなくなった。「スーパー・ジャパニーズ」や「スーパー・擬似アメリカン」のレベルで止まっていては、外国との表面上の交流はできても、本当に実のあるつきあいはできなくなる。

グローバルな時代に取り残されないためにも、ぜひ本書で触れる異文化でのビジネスのあり方を本気で検討していただきたい。

山久瀬　洋二

目 次

まえがき..3

第1部 嫌われない日本人になるために......................9

第1章 アメリカでの試練に晒される日本人........................10
第2章 よい環境づくりが誤解を解く....................................48
第3章 インタラクティブ・コミュニケーションと
　　　 ブレインストーミング...71
第4章 アメリカ流スピーチ術とは.....................................100

第2部 アメリカでのそして海外での
　　　 サバイバル...131

第5章 アメリカでのオフィス・マネージメント..................132
第6章 指示の出し方と部下の管理.....................................157
第7章 チームのアメリカ、グループの日本......................187
第8章 「イコーリティ」の本質を忘れずに 219

APPENDIX
誤解を避ける英語表現...241

あとがき...246

第1部

嫌われない日本人になるために

第1章
アメリカでの試練に晒される日本人

── アメリカは400年かけて世界中の人々に埋め尽くされた

 ニューヨークからサンフランシスコまで、飛行機で6時間。
 車で行けば急いで4日から5日。ここは2万5000年以上前、氷河期でアメリカ大陸とアジア大陸とが陸続きだった頃に渡ってきた、先住民の大地だったアメリカ。400年前までは、彼らを除いてはほとんど誰もこの広大な大陸で活動をしていなかった。今の住民の祖先はまだヨーロッパなどの旧大陸で生活をしていたのである。
 その広大な空き地に、400年をかけ、世界中の人々が殺到した。
 アメリカでビジネスをし、人々と交流するとき、まず知ってお

かなければならないのは、この単純な事実を心にとめること。そしてこの単純な事実の背景に複雑な人間模様と400年の歴史を通して造りあげられた、殺到した人々が共存するためのシステムがあるということだ。

ニューヨークから飛び立って2時間もすると、五大湖を抜け、飛行機は大平原の上空に至る。農地の緑があるかと思えば、ところどころには未使用の大地がまだらに広がる。

このあたりまで人々が入植してきたのは19世紀になってから。それ以前は、宣教師や探検家、そして軍人が砦を築きに現れる程度だった。

19世紀中盤、南北戦争が終わった頃から、そんな大平原にどんどん入植者が入ってきた。

彼らはヨーロッパ各地からの移民で、拓いた土地の多くには自らが昔住んでいた町や、聖書の中にある地名をつける。ロッテルダム、ベツレヘム、ニューキャッスルなどなど。そうでない場合、元々ネイティブ・アメリカンが名付けた地名をそのまま使用した。

そもそも、アメリカ合衆国が国家として領土を拡張したのも19世紀になってからだった。

例えば、1836年まで、アメリカ南西部はまだメキシコの土地だった。

テキサスに入った入植者は、メキシコからの独立運動を起こし、テキサス共和国を樹立し、その後アメリカ合衆国に併合させた。だから、今でもテキサスは他のアメリカの州とは異なった独立心旺盛な土地柄として知られている。

そして、ミシシッピ川の流域の広大な地域は、以前フランスの

管理下に置かれていた。ルイ王朝の土地というのが現在のルイジアナの名前の由来となる。19世紀初頭に、イギリスから独立して30年強のアメリカ合衆国がそこをフランスから買収する。

そんな新天地にどんどん入植者が流入した。入植者が街を造り、アメリカ社会が形成されてゆく様子は、本書の終わりの方でもあらためて解説する。

そんな入植者の宗教的背景、その土地の気候や風土が、アメリカ各地の土地柄をつくってゆく。

── *日本とは対照的な、広大で多様なアメリカ社会*

クイズがある。「ワルシャワの次にポーランド人の多く住む都市は？」「アイルランドよりアイルランド人が多くいる国は？」などなど。多数のポーランド系移民がシカゴとその近郊に住み、数多くのアイルランド人はアメリカ東海岸を中心に多数移民してきた。これと類似した例を挙げればきりがない。

アメリカは、いうまでもなくこうした「〜系」という外から来た人々が共存する、「メルティング・ポット melting pot」、つまり人種の坩堝なのだ。これが、本書で解説する、アメリカのビジネス文化の根底を形作ることになる。

先ほどのクイズの答えをさらに掘り下げるなら、例えばアイルランド人はカトリック教徒が多く、しかも貧しい移民だった。そのため、それ以前にアメリカを開拓したプロテスタント系の人々からの差別にも直面した。同じカトリック系の移民であるイタリ

アからの人々も似たような境遇に苦しんだ経験がある。宗教的背景の違いによる偏見を経験した人々には、その他にユダヤ系の移民がいる。特に東欧での迫害から逃れてきたロシア系、ポーランド系などのユダヤ人も含まれる。

19世紀後半になると、さらに世界の様々な国から移民がアメリカに殺到した。中国系や日系人。例えば中国系の人々の中には、労働者として大陸横断鉄道の建設に従事した人も多かった。

今では、白人系の人々の人口に、そんなアジアからの移民、さらにラテン・アメリカ、そしてアフリカ系アメリカ人などといった人々の総人口が迫ろうとしている。

これら全ての人に平等の権利を付与するための試行錯誤が、200年以上にわたるアメリカの歴史の背骨になったことをここでまず強調したい。

さて、ニューヨークを飛び立って4時間もすれば、飛行機の下に雄大な山脈が見えてくる。大陸を南北に貫くロッキー山脈だ。大平原の西側にあるロッキー山脈。そこから大平洋に面した西海岸までは、山脈とそれに挟まれた砂漠や渓谷など、自然がめまぐるしく変化する。今では国立公園として保護され、観光地として旅行者を魅了するのがこれらの地域だ。

しかし、19世紀の開拓者にとっては、そこは過酷な自然との戦いの場でもあった。

そして、その向こうには西海岸に面したカリフォルニアやオレゴン、そしてワシントン州という温暖で土壌も豊かな地域が広がっている。

今、マイクロソフトやアップルなど、世界のライフスタイルを

変えたハイテク産業が集まり、ハリウッドなどのエンターテイメントビジネスと融合し、ダイナミックに成長を続けるこれらの地域は、ここに記したアジア系や中南米からの移民が最も多く活動している場所でもある。

この広大なアメリカの複雑な人間模様——この複雑なモザイクをどのように受け入れ、どのようにそこで生き抜ればいいのか。アメリカは、ほとんど単一の民族として島国で生きてきた日本とは対照的な社会である。だから、多くの日本人が、そのダイナミックな社会を経験したとき、新鮮な驚きと自らの社会にはないものへの憧れをも抱いてしまう。

しかし、そこは同時に日本人にとっては戸惑いの連続でもある。異文化体験などと簡単に言うものの、実際は情け容赦のないビジネスの戦場でもある。

まずは、日本人がそこでどのように苦戦しているか。多様なアメリカ社会の中で、どのような試練に直面しているかという話から始めてみたい。

── 日本人男性の「悪評？」が無用な誤解を呼んでいる

「ヨウジ、昨日友達からなんて言われたと思う」

あれは数年前の夏のことだった。私のオフィスに働くエミー・ジョンソンが話しかけてきた。

「昨日、3年ぶりに再会した友達と食事をしたの。私が今あなたのオフィスで働いているって言ったら、彼女目を丸くして、あな

た日本人のオフィスで働いているの。よく我慢できるわね。大変でしょう毎日、って言うのよ」

それを聞いて私は、アメリカ人の女性に会うのがこわくなった。アメリカ人の間での日本人男性の評判はすこぶる悪い。都市部ではなおさらだ。

「ねえ、そんなに日本人の男って嫌われているの」

私は一応笑顔をつくりながらエミーに聞いてみた。

「そうねえ、残念ながら。日本の会社に勤務した経験のある多くのアメリカ人が日本の男は女性を差別し、日本では女性がそれに忍従しているんじゃないかって思っているわ」

いやはやまったく困ったものである。こうした気持ちで日本人の男性と職場で接していれば、ささいなことでも大きな誤解の原因になってしまう。

今の時代、日本だって女性への差別は少なくなっているのにありえないよと思う人もいるかもしれない。確かに全ての会社がそうだとはいえないだろう。しかし、よくよく考えてみると、アメリカで日本人がそのように思われる理由もわからないではない。

エミーの話を聞いたとき、即座に私はあることを思い出したのだ。それはその時からさらに2ヵ月ほど前のことだ。その日、私は仕事で、あるアメリカ人の女性とランチを共にした。彼女は大手出版社の国際関係のディレクターで、私と会った前日に日本人の一団と商談をもっていたのである。

名刺を交換し、席に着いた日本人。一行はすべて男性で、同じ背広に同じようなネクタイ。そこまではまあよいのだが、1人を除いてあとの4人はみな黙りこくっている。いったいなんのため

にやってきたのか彼女には分からない。しかも、そのおしゃべり役の一人も、彼女にではなく、彼女の横に座っていたアシスタントの男性にのみ話しかけ、彼女は最初から最後まで無視されっぱなし。困ったのはそのアシスタントで、必死で彼女に相手の注意を向けようとするのだが、それも無駄な努力に終わってしまった。

「私は、何か宇宙人を前にしているような気持ちになったわ。ホント、日本人ってどこか遠い宇宙の彼方の人たちのよう」

残念ながら、まだまだ日本では女性の社会進出が進んでいない。この事実は海外でもよく報道される。特に21世紀になって15年以上を経過した現代でも、欧米に比べれば、女性の管理職は日本では数少ない。世界で活躍する日本人女性は多くいるが、日本企業という組織の中では、まだまだ男性の部下を引き連れて海外の管理職と交渉のテーブルにつく女性は稀にしかいない。

さらに男性優位の日本企業にはもう一つの課題がある。

組織が上下の人間関係に縛られていて、商談などの外の人との会議の席で、上司や責任者以外の部下や若手がどんどん発言したり、自由に討論を進めたりといった、海外ではよく見られるフラットな環境が希薄なのである。

だから、海外の人から見ると、日本人はぞろぞろと複数の人でやってきても、1人か2人を除いて、あとの参加者がほとんど沈黙している状況が異様に映る。

男性がほとんどで、かつこうした海外からみると不可解なことが重なり、日本人と仕事をした人、特に欧米の女性からみると、日本企業が理解できない集団に思えてくるというわけだ。

──「なんで私がこんな目に」といった ことは、あちこちで起きている

　とはいえ、ここで紹介したアメリカ人の女性ディレクターと日本人との会合と似たようなことが、アメリカの、いや世界のあちこちで起きていると思うとぞっとする。

　20世紀のまだ男性が常に優位に立っていた時代ならまだしも、今になっても海外でそのように思われているのはなぜだろうか。そこには日本人へのステレオタイプな誤解もあるかもしれない。

　最近、私はある出版社に電話を入れた。

　そこの出版社の社長と打ち合わせをもちたかったのだが、電話をしてみるとその会社では社長が交代し、新体制になったばかりとのこと。そこで、新社長の名前を問い合わせると、ウィリアム・ソルバーグという名前だという。

　おそらく、電話で応対した人物は新入りか、あるいはアルバイトだったのだろう。社長の本当の名前はソルバーグ・ウィリアムスだったのだ。

　ウィリアムと聞いたそのファーストネームから、男性だと決め込んだ私は、電話に出た相手に「ミスター・ソルバーグをお願いします」と言ったのだ。その電話の相手が本人であることはもちろん知らないままに。

　しばらく沈黙があったあとに、彼女は穏やかに私に言った。

　「いえね。日本では女性が会社のトップになることはないでしょうが、ここはアメリカですから。私がそのソルバーグ・ウィリア

ムスです」

　まず、ミスター・ソルバーグとは、ミスター・ヤマクセではなく、ミスター・ヨウジといわれているようなもの。その次に彼女が思ったのは「ああこの人は日本人だ。だから男性が社長だと思い込んでいる」というところだろうか。

　私にとって不幸だったのは、彼女が北欧系の人なので、その人のどちらがファーストネームかラストネームなのか、見分けがつきにくかったことだ。

　これは実に気まずい出会いだった。そして、このような誤解はなかなか解けない。なんでこんな目に遭わなければならないのかと思いながら、私は受話器を置いたのだった。

　多くの場合、日本人は英語が不得手なものだから、こうした場面に直面しても、相手の皮肉はおろか、怒りにすら気付かずにやり過ごしてしまう。だから問題は一層複雑になってゆく。

　ただ、ここで確認しておきたいことは、もしお互いをとりまく環境が温かで、信頼関係が培われていたら、ちょっとしたミスがあったとしても、それほど大きな傷になることはない。しかし、ここに紹介した事例のように、もともと相手が、そしてこちらも過敏になっていたり、不快感や敵意を抱いたりしている場合は、小さなミスが致命的な争いへと発展してしまう。

　こうした災いを回避するには、日ごろから相手と友好的な人間関係を築いておくことにつきるのである。

── 相手に不快感を与えない気遣いとは

　そこで、人間関係を築くには、真心で接してゆけばということになるだろう。しかし、何をもって真心かというと、これがまた難解だ。

　ある意味では、それが本書のテーマになる。真心の表し方は、国によって、文化によって大きく異なることを知っておいてほしいのである。日本流の真心の表し方をしたために、相手と気まずくなった人の例をあげればきりがない。

　アメリカで60年代から70年代にかけて、女性の地位を向上させ、男性との平等を勝ち取ろうという運動が盛んだった時代がある。その当時から今に至るまで、男女の平等とは何かというテーマは常に論議の的となっている。その議論の中には伝統的な真心のあらわし方への是非も含まれる。

　例えば、伝統的なレディ・ファーストの考え方は、女性を差別しているからこそ成り立つのだという立場をとっている人から見れば、レディ・ファーストをする男性は古い考え方の人ということになる。

　ところが、一般の女性に対してエレベーターなどでレディ・ファーストを励行せずにスタスタと外に出れば、なんだこの人はと思われ、しかも悪いことに私が日本人であれば、やはりね、日本ではいつも男が威張っているからしょうがないのよと思われてしまうかもしれない。

　では、どうやって相手の価値観を見分けるのか。実はどこにも

答えはない。一般的に強く男女の平等を意識している人は都市部に多いだろうといっても、それだけでは相手を見分ける鍵にも何もなりはしない。

そこで、私はエレベーターが開くと少し間を置いて相手の動きを確かめる。女性がさっさと出て行けばそれでよし、女性が動く気配がなければ、「エクスキューズ・ミー」と言って外に出る。もちろんドアの真ん前に立っている場合は、目立たないようにささっと外に出る。

このようにして、相手に不快感を与えないように気を配るというわけだ。

加えて、笑みを絶やさないのも大切だ。アメリカにおいて、エレベーターのような密室で相手に微笑みかけ、「Hi. ハーイ」と挨拶をするのは、私は安全ですよと相手に信号を送るのと同じ効果のある、大切なマナーの一つである。

「ハーイ」で相手の緊張をほぐし、「Excuse me. エクスキューズ・ミー」で無用な誤解を受けないようにする。多くのアメリカ人は無意識のうちに、このマナーを励行しているのである。

さらに大切なことは、男女関係なく、ナイスに対応する究極の平等意識をもっておくことだ。

ドアの前に2人で立てば、どうぞといって相手に譲る。そうした穏やかなマナーをもっておくことが肝要だ。

だから、日本の「おじさま」がぶすっとしたままエレベーターに乗ってきて、うっかりとレディ・ファーストを忘れてのしのしと外に出たら、これはどちらに転んでも最悪ということになる。

——「君ならチアリーダーになれる」と言って失敗した例がある

　ある日のこと、私のオフィスに一人の日本人の男性が訪ねてきた。その人は在米7年目で、もちろん英語にも問題はない。さて、その男性が私のオフィスで働いていたある女性に話しかけた。
「アン。調子はどうだい」
「いいわよ、ちょっと忙しいけど」
「まあ、忙しいことはいいことさ」
　問題はここからあとの会話だった。
「ところで、週末はどうするんだい。いい天気だってことだよ」
「そうね。ボーイフレンドとビーチにでも行くわ。あなたは」
「ぼくかい。セントラルパークで野球をやるんだ」
「野球チームにはいっているの」
「ああ。近所の人たちとのね。まだチームは弱いけど、日曜に試合があるんだ」
「私も運動をしなくっちゃ」
「いつか試合を見においでよ」
「そうね。おもしろそう」
「うん。君ならチアリーダーになれるさ」
「そうかしら……」
　その男性が去ったあと、アンは私のデスクに来て「なんなのあの人」といって抗議をした。この会話のどこに問題があったのか。
　問題は、彼が「君ならばチアリーダーになれる」と彼女に言っ

たことだ。

　彼は日本人の真心で彼女とコミュニケーションしようと、すなわちフレンドリーにしようとしてそう言った。ところが彼女はそれを女性差別と受け取ったのだ。

　ご存知のように、アメリカではフットボールなどの試合にチアリーダーが登場し、花を添える。チアリーダーになることは、その女性が魅力的でしかもリーダーとしてふさわしい人であるということを自他ともに認めるわけだから、当然子供たちはおろか、親だって自分の子供がチアリーダーになれば鼻が高い。実際に自分の子供をチアリーダーにしたいがために、ライバルの女の子をその親が殺害したという事件まで起きたほどに、チアリーダーは人気がある。

　しかし、反面こうしたチアリーダーは、いわゆる男性のスポーツに花を添えるブリッコたちだという考え方もある。子供の間ならまだしも、大人になって、しかもプロフェッショナルとして自立した女性に、君ならチアリーダーになれると言えば、これは逆に侮辱と取られてしまって当然だ。

「なんで彼は私にあんなことを言ったの」

　アンは血相を変えて私に言った。

「いや、単なる誤解だよ。彼はそれがどういう意味なのか分かっていっていなかったんだろう」

　私はそう説明する。ところが彼女は、

「そうじゃないと思う。心の中で、女性はみなチアリーダーのように可愛いのがいいって思っているからあんなことを言うのよ」

　と言い返す。よほど腹に据えかねたのだ。

普通だったら、彼女はその日本人の男性に面と向かって抗議をしただろう。しかし、アンはどちらかというとおとなしい性格で、気後れしたのに違いない。しかし、それでも怒りが収まらず、日本人の私に説明を求めたというわけだ。

——「セクハラ」はアメリカの国家の歴史にかかわる問題

　問題は、こうした誤解が重なって、それが取り返しのつかないケースに発展する可能性があるということだ。

　いわゆる「差別」や「セクハラ」問題で、従業員が会社や自分の上司を訴えたりするケースはアメリカでは常に起こりうる経営上のリスクなのだ。

　実際、日本を発つ前にセクハラには気をつけろと何度も注意され、研修まで受けてアメリカに旅立つ駐在員もかなりいるはずだ。

　ところが、今度はあまりにも注意しすぎて、女性従業員に対して慎重になりすぎ、かえって、「あの人は女性のことを嫌っている。日本人はやはり……」と思われている人も実は多いのである。こうした行き過ぎ行為も逆に誤解の原因となり、同様な悲劇を生む道へとつながりかねない。ではどうすればいいのだろう。

　まず基本として、セクハラとは何なのか、女性差別とは何なのかということをよく理解して、そこから対策を考え、それを自らの行動規範に加えてゆけばよいだろう。

　それも、日本人の視点ではなく、アメリカ社会の視点に立って、考えていかなければ意味がない。

そもそもアメリカがあらゆる差別に対して敏感な国であるということには背景がある。

　その背景が、冒頭に解説したように、もともとアメリカが移民によって成り立った国だという事実に他ならない。

　すなわち、全くお互いにその背景もわからない人々が世界中から集まって、即席の社会を造り上げ、それが発展してできあがったのが現在のアメリカなのだ。アメリカン・インディアンを除けば、あらゆる人が海外から押し寄せ、先に土地や利権を得た者がそれを所有できるという社会が元来のアメリカの姿であった。

　となれば、苦労して海を渡ってきて、荒れ地を開墾して得た富を、後から来た者たちに渡したくないという心理も働くわけで、そうした心理が後続のより立場の弱い移民への差別の原点となっていったのである。

　さて、差別される側は差別される側で、そうした不当な圧力に対抗して自らを守るためにまとまり、リトル・トーキョーやリトル・イタリーなどといった移民の街を造ってゆく。すると、そうしてできた彼らの街にさらに同胞が海外から押し寄せ、やがて人口も膨れあがり、政治的なパワーとなって成長するのである。

　やがて、人々は自らを差別から守るために、まとまって抗議行動を起こし、法律を制定し、彼らの票に支えられる人物を議会に送り込んでゆく。その過程は数十年という短期間で完結することもあれば、アフリカ系アメリカ人やアジア系移民の例のように100年以上、時には200年以上の年月をかけて自らの人権を擁護してきたグループもある。

　この移民と、そこから起こる差別との関係を克服しながら、ア

メリカという社会が成長すると、次の段階として、差別という概念が、単に民族や肌の色の違いを乗り越えて、広く社会の強者と弱者との関係においてクローズアップされるようになる。

女性と男性との平等、さらには人種の平等もさることながら、たとえば同性愛者とそうでない者、老人と若者、身体的なハンディキャップを持つ者とそうではない者など、あらゆる人と人との関係のあり方にメスが入ってくるのである。今しきりに騒がれている嫌煙権もこうした伝統と決して無縁ではない。

しかも、そうした平等が母国で保障されず、差別に苦しんできた人々が、さらに世界中からアメリカに移民として流れ込んでくるわけだから、アメリカにとって平等という概念は国家の成立基盤として尊重されるようになってきたわけである。

一例をあげれば、アメリカには女性であるがゆえに自らのキャリアを伸ばせずに苦しんできた日本人女性が結構移住している。彼女たちの多くは、アメリカで学校に行き、就職して、各界の専門家としていきいきと働いている。

そして、当然のことだろうが、そうした女性の日本を見る目は往々にして厳しい。

実際、アメリカにある日系企業で、そこに勤務する日本人女性が、自らの雇用者を女性差別で訴えたケースはかなりの数にのぼっていることを、知っておいてもらいたい。例えば2006年には北米トヨタで日本人の秘書が同社の日本人社長をセクハラで訴え、全米で話題となった事件は記憶に新しい。その後和解が成立したものの、ある報道によれば訴訟での請求額は1億9000万ドルに及んでいた。

このように、「セクハラ」に対してアメリカが公も民間もことさら厳しく対応するのも、こうしたアメリカの国家としての背景、そして歴史と決して無縁ではない。

しかも、多彩な移民が同じ場所で仕事をし、コミュニケーションをしているアメリカでは、個々の人々の背景に関わっている暇も余裕もない。つまり、アメリカの社会事情に疎い日本からやってきたんだからと主張し、そうしたことへの配慮を求め、日本人だけを特別に扱ってもらうことは不可能だ。特に、こと差別や人権に関するテーマとなれば、アメリカの中にいる限り、アメリカの常識以外の考え方や「理由」への配慮はまったくなく、日本人が知らなかったと言っても、セクハラや差別行為だとみなされた瞬間に、その人はアメリカ社会の常識に従った厳しい追及と避難に晒されるのだ。

── こと「セクハラ」となると、周囲の対応が変わってくる

ところで、セクハラとは男性女性双方に向けられたもので、実際にアメリカでは男性が女性のボスから「セクハラ」を受けたとして裁判沙汰になったケースも存在する。

毎年全米で1万5000件以上のセクハラ事件がアメリカのイコール・エンプロイメント・オポチュニティ・コミッション、すなわち雇用機会均等委員会に報告されているが、そのうちの10パーセントは男性から訴えられたケースで、女性の上司から6年間にわたって性的な嫌がらせを受けていたとして、ロサンゼルスに住む

男性に100万ドルの賠償金を支払う判決が出たケースも発生している。

　当然のことながら、「セクハラ」とは職場、あるいはビジネスの環境のなかだけで起こりうるケースであって、個人の生活では起こり得ない。

　プライベートで、たとえば夫が妻を虐待したケースは、文字通り虐待の英訳である「アビュース Abuse」、あるいは差別「ディスクリミネーション Discrimination」として、別の刑事事件、あるいは民事訴訟になるのである。

　また、職場において、女性であるから、あるいは男性であるからという性別、そしてそれに関係する背景によって、労働条件を変えられたりしたケースは、セクハラとは別にジェンダー・イッシュー（性に対する事例）として、同じく公民権法違反の対象となる。

　一例をあげれば、アメリカ第一の電信電話会社として知られるAT＆Tが、女性の妊娠出産での休暇等に関して理解を示さず、それを理由に不当に配置転換などを行ったとして、1991年に1万3000人の女性従業員に対し、訴訟費用を含め高額な賠償金を支払ったケースがある。

　これが、アメリカでの「セクハラ」の背景である。しかし、ここにもう一つ厄介なことがある。それは、アメリカが今も移民国家として試行錯誤を繰り返し、成長を続けている国だということだ。

　どういうことかというと、移民同士の対立や差別、あるいはあらゆる分野での人権の擁護という問題は、いわば人類永遠のテー

マであって、一つが片付いたかと思えば、また新たな問題が発生する。

そして、そうした問題が発生するたびに、アメリカという社会はここに述べた歴史的な背景から、実に敏感に反応し、マスコミも一般の人々も集中的にそのテーマについて議論する。従って、アメリカでは、差別の問題や人権の問題はよその国以上に迅速に、かつ大きく取りあげられ、討議の対象となってゆくのである。

時には、その議論が過熱するあまり、あるいはそうした問題に人々が敏感であるがために、ことが針小棒大に伝えられたり、過剰に政治問題化されたりすることもある。そうなると、企業やその個人に対して執拗な攻撃が繰り返され、ことが沈静化するまで相当な労力や経済的な負担を強いてしまう。

だから、逆を言えば多くの個人や団体は、そうしたことに巻き込まれまいと必死になり、少しでも不穏な芽があれば、それが大きくならないうちに迅速に処理をしようと、懸命になるのである。

現に、これは私のアメリカ人の知人からの話だが、大学の教授である彼の友人が、教え子の女子学生が「私はなぜかボーイフレンドができないの」と昼食中に言ったのを受けて、「そんなことはない。君は魅力的だよ。僕が20年若くて結婚していなかったら君に話しかけていたかもしれないよ」とコメントしたという。すると、その女子学生は翌日学部長に、あの教授は女性に対して不適切な対応をとったと報告し、そのためその教授が即日解雇されたケースがあったのだ。

たった一言のためにと思う人も多いだろうが、大学は特に男女や人種の平等に対して敏感な人が集まるところということもあっ

て、このような多少極端に思えるケースがいくつも発生している。もちろん組織が「平等」に固執しすぎ、かえって人間としての自由な行動を束縛しているといった議論もあるのだが。

アメリカに進出している日本の企業やアメリカで働く日本人の場合は、この過敏といえるまでの迅速さと処理の厳しさに慣れないがために、問題を先送りし、あとで取り返しのつかないところまで傷が広がり、様々な団体や個人、そしてマスコミから総攻撃を受けるケースが起こりうるわけだ。

したがって、まず日本企業としては、ことが起きたときの処理の仕方を前もって十分に検討しておく必要がある。

── 日本企業すべてが参考にしたい三菱自動車を襲った悲劇

1996年4月9日に、アメリカのイコール・エンプロイメント・オポチュニティ・コミッション(雇用機会均等委員会)が、米国三菱自動車(MITSUBISHI MOTOR MANUFACTURING OF AMERICA, INC.)を、いわゆるセクシャル・ハラスメントの容疑で提訴した。

その訴状の内容は、アメリカでのセクシャル・ハラスメントがどのようなものであるかをよく物語っている。事件は、94年に同社内で発生した従業員間のセクハラ問題に対して、三菱自動車が十分満足のゆく解決改善案を提示し、実施しなかったことを、雇用機会均等委員会がいわゆるセクハラを禁止した公民権法に違反するとして提訴したのである。

訴状は5項目にわたって問題点を指摘しているが、ここでそれ

らを要約すると、

1）職場において、口頭あるいはその他の方法で男性従業員が女性従業員に苦痛を与えるような行為が発生し、そうした行為が職場環境を悪化させ、女性の社内での地位や利益に影響を与えた。
2）会社がそうした行為に対して適切な処置をとらず、女性社員からの訴えを十分に検討せず、対策を怠った。
3）そうしたことが重なることにより、被害者の女性が職場で働けなくなった。

　口頭での嫌がらせとは、いわゆる性の違いをテーマにした悪い冗談や、相手のプライバシーを侵害するような会話を意味している。そしてその他の行為とは、女性が望まないタッチや、職場内での性的な落書きなどの行為を意味している。
　さらに、ここで注目したいのが2点目で、そうした行為に対して会社が即座に対応し職場環境を改善しなかったことが提訴の原因としてあげられている。
　職場での平等を監視する雇用機会均等委員会は、その職場の従業員から訴えを受けると、それを調査し、その会社に対して女性に代わって訴訟を起こすことができる。その場合、いかに対象となる会社がいかに状況を改善できたかということが、訴訟にまでもち込むか否かを決定する重要な鍵となるのである。
　だから、セクハラ問題が起きた会社は、必要以上に迅速に対応し、原因を究明して必要ならば処罰を行い、将来への対策を立案しな

ければならない。

　しかも、単に立案するだけではなく、ことが雇用機会均等委員会など外部の団体がかかわる種類の問題ならば、できるだけ積極的に改善策をアピールする必要があるのである。

　いったん提訴となると、これはもう大変だ。あらゆる政治団体やマスコミがその問題を取りあげて、会社の対応を審査する。なかには自らの政治的な目的のために、そうした機会を利用する人まで現れるだろうし、ましてそれが日本の会社の場合、すでに記した日本人への女性差別に関する悪い評判のために、アメリカ社会のあちこちから集中砲火を受けかねない。

　現に三菱自動車のケースの場合、アフリカ系アメリカ人の活動家であり、政治家としても著名なジェシー・ジャクソン氏を筆頭に、関係者が日本にまでやってきて、三菱自動車の本社に改善策を要求し、その対応が不十分であったということで、同社の車のアメリカでのボイコット運動を展開するという意思表示まで行った。

　しかも、事態はそれで収まらず、アフリカ系アメリカ人マーケットに対して消極的だということで、ホンダもボイコットの対象にしようという動きまであったほどだ。

　セクハラ問題を取りあげ、それを大きく世間にPRしてゆくことは、公民権運動などで人権問題を取りあげてきたジェシー・ジャクソン氏にとって、自らの政治的スタンスをアピールする絶好の機会であり、かつ女性の支持の拡大にもつながってゆく。しかも、彼から見るならば、中曽根元首相や故渡辺美智雄氏など、日本の政治家によるアフリカ系アメリカ人やマイノリティを差別する発言に憤りを抱いていただけに、三菱自動車の件は絶好の攻撃材料

となったのである。

　そういう意味でも、三菱自動車の一件は、セクハラを行った本人が日本人でないにもかかわらず、その対応を誤ったために同社が日本の会社として叩かれた典型的な例であるといえそうだ。

── 机に家族の写真を置いておこう

　それでは、具体的にはどのような行為が問題になるのかということなのだが、もとより職場で女性に対して体や年齢等のプライバシーにかかわる質問や冗談を言うことは慎んだ方がいいことは言うまでもない。

　さらに、たとえ男同士であっても、職場や職場の関係者と性的な冗談や冷やかしは絶対に慎むべきだ。

　それは分かっていても、日本人は外国人から見ると、プライバシーの侵害ととられるようなことをついつい言ってしまう。

　たとえば、「なんで結婚していないの」「結婚おめでとう。子供はいつつくるの」などといった質問は、そうした例のなかでも最悪の部類となる。

　また、「あいつは同性愛者だよ」などという会話もやめておこう。同性愛者への差別、侮辱と受け取られた場合、それは企業にとってセクハラと同様のリスクとなる。

　特定の女性従業員と長く同じ職場で一緒に働き、気心が知れるようになった場合、相手が話してくれる度合いに応じて、こちらも話の内容を変え、打ち解けてゆくことは問題ない。しかし、それでも性的な冗談は相手に不快感を与えるだけなので、絶対に慎

みたい。

　さらに、職場に持ち込むと問題になりそうなものはといえば、ヌードグラビアやセックス描写のある日本の週刊誌、コミックブック等々。逆におすすめは、職場のデスクに家族の写真をおいておくこと。これは、家族を大切にしているという大変良い印象をアメリカ人に与えるし、現にアメリカ人の多くは職場に家族の写真を置いている。

　そもそも、伝統的にアメリカでは性的な描写やジョークに対するタブーのある国なのだ。それには理由がある。アメリカはもともとキリスト教の、特にプロテスタントの移民が多い国。そして、今でも人口の上からもライフスタイルの上からも、そんな宗教的背景が社会に与える影響は多大である。

　プロテスタントと一口にいってもその宗派は様々で、街ではそれぞれの宗派の教会に人々が集まってコミュニティを形成している。ただ、彼らに共通した価値観は、勤勉に働き、家族を大切にし、教会に通い、地域社会を大切にするというもの。

　彼らの目から見れば、日本の性風俗などは理解できないどころか、許しがたき罪悪となる。

　このように書くと、

　「アメリカにもポルノはあるじゃないか。しかも日本よりも過激なものも氾濫している」と反論される読者もあるだろう。

　しかし、アメリカ社会では、ポルノは一般の生活とは関係ない、特殊な、変質的な世界のことという通念があり、そうしたポルノに子供がアクセスしないような法律も、日本よりははるかに厳しい罰則規定を持って設定されている。

そこが、ポルノとそうでないものとの境界が曖昧で、一般の生活のなかにもヌードやセックスが浸透している日本との大きな違いなのだ。

以前、ウィスコンシン州で、州の広報担当者が辞任に追い込まれたケースが発生した。

それは、日本のある雑誌社がウィスコンシン州の風物を日本に紹介しようと企画をしたことを受けて、地元のPRになればと、ウィスコンシン州の関係者が日本の雑誌取材に協力したのである。

さて、取材が終わり、送られてきた週刊誌を見て彼らはびっくり仰天した。普通の雑誌と思っていたのにページを開ければ、そのなかにヌードあり、セックス・シーンを描いたコミックありで、日本人なら当たり前のことなのだろうが、ウィスコンシン側では大問題になり、ついに担当者が責任を取らされたのである。

日本がおかしいとか、アメリカが固すぎるとかいう問題ではなく、お互いに生きている文化背景が違うことを理解して、気を付けて行動しなければならないということだ。

こうした意味で、問題となるのが、インターネットへの対応である。

実際、会社のコンピュータにポルノがらみのイメージや情報をダウンロードしていた従業員が解雇されるというケースはよく報道されている。ここでもセクハラ問題などへのリスク回避から、組織として迅速かつ徹底した対応が実施されているからだ。

実際、アメリカの多くの会社は、社員のコンピュータにインターネットのアクセス権を与えているが、同時に社員が業務以外の用途でインターネットにアクセスをしていないかどうかもモニター

している。多くの場合は、それはアメリカだけでなく、ドイツやシンガポールなどの海外支社でも、同様のチェックが行われている。

グローバル・エコノミーといわれる昨今、セクハラ問題一つをとっても、日本だけは別ということが成り立たなくなっていることを我々も知っておくべきだろう。

── アメリカ人男性もセクハラ問題に神経をとがらせている

このように、セクハラには落とし穴があって、実はアメリカ人の男性もその対応に神経を使っている。もちろん、男同士、友達になれば女性のことをだしにジョークを言ったりすることはアメリカでも当たり前のこと。

しかも、ある男性誌の調査によれば、毎日400万人もの人が、ポルノではないものの、女性のヌードや性的表現のあるメディアのウェブ・サイトを訪れており、その多くがウィークデーの昼間であるとのこと。さらに、ニールセン・メディア・リサーチ社の調査によれば、IBMやアップルなどといった大手企業のコンピュータから、毎月何千ものアクセスがあるという。

男性の興味は世界中どこでも同じということだが、最近の会社での厳しい懲罰規定の影響で、多くの人が肝を冷やし、やはり自宅でこっそりが安全と思っているのではないだろうか。

「実際、難しい世の中になってきたよ」

そう言うのは、私の友人のアメリカ人企業コンサルタントだ。

「問題は、こちらに悪気がなくてもとんだ誤解がもとで、トラブルを招くことだってあるだろうしね。男たちの多くは、これからどのように職場で女性とつきあっていけばよいか頭を悩ませているよ」

まあ、これは多くのアメリカ人男性の本音であろう。

実際、もしあなたが女性にタッチして、それが相手に不快感を与えたら、その女性はあなたに直接抗議するよりも、まずトップ・マネージメントへ、またはヒューマン・リソース、すなわち人事部の方に行き、そのことを報告する。

これは、セクハラ問題が直属の上司によって起こされたときに、女性の権利を守るためで、女性が何段階もとばしてトップ・マネージメントへ訴えることが当然の権利とみなされているのである。

さて、こうした訴えを受けたマネージメント、あるいはヒューマン・リソースでは、三菱自動車のような事件に発展しては大変なので、即座に調査を開始するが、この場合、加害者が不利になることは言うまでもない。

というのも、加害者が無実ということになった場合、あとで被害者が裁判所に会社を訴えにいかないという保証はどこにもないからだ。しかも、その被害者の女性の業務上の業績が思わしくなく、あとで解雇やリストラの対象となった場合、その女性は過去の事件とその後の処分とを結びつけて訴えを起こすことだって考えられる。いろいろな可能性があるわけだ。

したがって、いったんことが起きると、あとは時限爆弾の発火装置を作動させたときと同じように、システムが自動的に動き出す。そのことを知っているから、男たちは職場でどのように行動したらよいか戸惑っているわけだ。

「いやね、われわれはよく言ってるんだよ。職場で女性と働くときは、クビから下に目を絶対に向けないようにってね。チラリとでも」

そのアメリカ人コンサルタントは、そう言って笑いながらため息をついた。彼は男同士でいるときは、スケベな話の好きなやつで、それだけに難しい世の中になったものだというぼやきには現実感がある。

「考えてもみろよ。アメリカ人って女性でも人前で平気で足を組むだろう。日本人の女性はあんなお行儀の悪いことはしないだろう。しかもミニスカートをはいて。そんなとき目を動かさないようにするのは至難の業。修行が必要さ」

彼は大笑いをしながらそう言って締めくくった。

── ビジネスで女性と接するときの 7つの心得

そこで、もともとハンディのある日本人男性としては、先に示したタブーと共に、次のことを励行するように注意しよう。

1）常にフレンドリーに女性と接すること。廊下で出会えば相手に笑みを投げかけ「ハーイ」とか、「ハワユー」と声をかける。

2）初対面の女性や、ビジネス上の相手と握手をすることはかまわない。ただ、手を握るとき、相手の様子を見て対応しよう。たいていは相手がそっと手を出すので、その指の辺りを軽く握る。人によっては強く深く握ってくるので、そ

の場合はそれに従い同じようにする。

3）相手の顔を見て話をする。特にできるだけ目を見て話をする。

4）女性だから、女性ならばという考え方で相手を取り扱わず、人間として取り扱う。たとえば、「あの人は女性なんだが、よく仕事ができてね」などといった会話は禁物だ。

　現在アメリカでは、男女を言葉の上からも平等に扱おうとして、男性の優位を示す単語自体を変化させる運動が盛んである。たとえば、Businessman→**Business person**、Chairman→**Chair**または**Chairperson**などといった表現は、すでに普通の英語として受け入れられている。

　さらには、不特定の人物を指すときは、ただheとだけいわずに、**he or she**と表現する。また、MissやMrs.は職場では死語で、常に**Ms**に統一するといったことも忘れないように。

5）あなたがマネージャーだったら、優秀な女性にはどんどんチャンスを与え、男性と同様に、かつ平等に責任を与え昇進の対象とする。

6）女性とのスモールトークには自分の家族の話や、日本での生活の話などをして、オープンに情報を提供する。もちろんタブーは守りながら。

7）もし部下に女性がいる場合は、すでに記したように、常に彼女を平等に評価するよう心がけるとともに、適切なフィードバックをいつも与えるように心がけよう。

フィードバックについては後で詳しく説明するのでそこに譲りたいが、要は彼女の成し遂げた仕事に賛辞を与えたり、改善点を指摘したり、できるだけ頻繁に上司としての感想を彼女に伝えるようにする。そして、それと同じ頻度で男性の部下にもフィードバックを与えて、公正にマネージメントを行うよう心がけてゆく。
　こうした客観的な評価が社員全体に見えるようになれば、昇進や不幸にして解雇などといった人事上の問題が起きたときも、無用な誤解を与えずにすむはずだ。

　長い期間の沈黙の後、突如として人事を断行するのではなく、その都度自分が部下の仕事をどう評価しているか、日本人からすればまめすぎるほどそれを相手に伝え、年に一度か二度は正式な業績評価も忘れないようにする。
　また、もし不満足な点があっても、できるだけ前向きに解決し、常によりよいコミュニケーションを維持するようにすることが肝心だ。こうしたテクニックについては、同じく第6章に詳しく記すが、知っておきたいことは、マネージメントの方法が日本とアメリカではかなり違い、日本の常識で人をマネージした場合、とんでもない行き違いが生じてしまうこともあるということを、ここで強調しておこう。
　その意味からも、第6章は必ずチェックし、アメリカでのビジネスの基本として理解しておいてもらいたい。
　これら7つのノウハウに加えて、アメリカにある日系企業では、現地支社の人事部に優秀なアメリカ人のマネージャーをおき、その人としっかりとしたマニュアルを作成し、かつケース・スタディ

を通してそのマニュアルが実際に活用できるかどうか検討しておかなければならないことは言うまでもない。

この手のことは、日本人だけで判断するのではなく、アメリカ人にもしっかりと協力してもらえるシステムを作るべきである。

── *女性との距離感を誤解するなかれ*

以前、アメリカに来たばかりのKという日本人の男性と食事しているときのこと、彼がこんなことを言い出した。

「いやね、僕はアメリカに来たばかりで、ぜんぜんこの国のことは知らないけど、僕の横のブースの女性が日本語が少しできてね、いや、なんといってもとても親切なんだ。それに、今は冬だろ。夕方なんかすぐ暗くなる。しかも、5時を過ぎるとみんな帰ってしまうから、深夜まで残業しているかのような錯覚に陥っちゃうんだ。彼女頑張り屋さんでときどき残業していると、オフィスに2人きりということもあるんだ。最近ね、気付いたんだけど、僕と話すとき、彼女はやたら側に寄ってくる。そして、すごく親密そうに話してくる。ねえ、僕に気があるんだろうか」

K氏の名誉のために、彼は独身だということをここで言っておこう。ただ、その話を聞いて私は即座にこう答えた。

「まず君はいま日本から来たばかりで、何かと心細いはずだ。だから、単なる親切が甘くみえることもあるしね。注意しろよ。次に、アメリカ人と日本人とでは、会話をするときの互いの距離に差があるんだ。アメリカ人は近くで相手の目を見て話をするが、日本人は多少距離を置いて、あまり目も見つめない。だから、君はそ

の習慣の違いに幻惑されている可能性もある。ともかく即断はしない方がいいよ。ところで、彼女どこの出身だい」

「ミネアポリスから来たって言ってたっけ」

「中西部の女性は、ニューヨークやカリフォルニアの人と比べると穏やかで親切な人が多い。これは、土地柄なんだけどアメリカではミッドウエスト・ナイスっていってね。彼女、きっと多少お節介なんだよ」

それから数日後、彼から電話があった。「いやあ。ありがとう。よかったよ口説かなくて。だって、あのあと彼女にボーイフレンドがいることがわかったんだ。夕方オフィスにやってきてね。紹介されたよ」

「それは残念。でもよかったよ。危ないんだぜ、こういったことって。でも、これは君にとってチャンスだ。だって、ボーイフレンドを紹介されたんだったら、いい友達になれるはずだ。いろいろと彼女からアメリカのことを学ぶといいよ」

この一件は、ある意味で難しいケースだ。オフィスラブがアメリカにないかといえば、ないはずはない。ただ、最近はセクハラの問題などで、双方とも警戒し、チャンス自体が少なくなってきていると多くの人が語っている。

しかし、もしお互いに興味を示している相手同士であったら、微妙な信号を送り合うはずだ。拒絶や了解の表現だって間接的で、できるだけお互いを傷つけず、もちろんセクハラなどの問題に進展しないよう細心の注意が払われる。

残念ながら、これは英語力とアメリカの風土に慣れていない一般の日本人には感知できない微妙なもので、へたに感知したと思っ

てうぬぼれていると、大変な誤解を生んでしまうことになりかねない。K氏は、今一歩で大変な問題を抱え込むことになるところだった。

ただ、一つの信号としては、プライベートな時間に一対一で夕食に誘われた場合は、多少うぬぼれてもよいかもしれないが、まずそういったことは起こらないと思って差し支えない。もちろん、出張中の夕食はビジネスの一部と考えられているので注意しよう。

逆にいうならば、異性と食事などをする場合は、できるだけ複数を誘い、特定の人とプライベートな時間をもとうとしているように思われないことが大切だ。

── *郷に入れば郷に従うための10のチェック*

さて、このような環境のなかで、女性と働き、時には女性をマネージしたり、女性のボスの下で働くには、当然新たな心構え、そして意識改革が必要になる。

そこで、次の質問を読んで、それにどうか正直に答えていただきたい。

ここにある10問のうち、1つでも「違う」と答えた人は、アメリカで業務をする上でまさにそこが弱点となり、そこからアメリカの平等の原則に抵触するような問題が起きる可能性があると思ってよい。

1) 女性が自分の上司でも抵抗を感じない。

2）能力のある人ならば、自分より年下の人がボスであってもよい。

3）アメリカで人を雇うとき、学歴の高い特定の人種の人々に限らず実績に従って人材を募集したい。

4）部下から自分の意見をいきなり否定されても、むっとせずにそれを検証できる。

5）仮に自分の英語力に問題はあっても、アメリカの学校でのPTAなどの会合にも積極的に参加してみたい。

6）30歳を過ぎてからでも、自らの進路を変えてまったく別の職業に就くことができると思う。

7）アメリカでは、できれば日本人が多く住む地域ではなく、純粋なアメリカ人社会のなかで生活してみたい。

8）将来自分の子供がアメリカで教育を受け続けたいと言ったとしてもさほど抵抗はない。

9）別に日本が世界で一番安全で教育レベルの高い国だとは思わない。

10）海外旅行をするときは、サービスさえよければ日本の航空会社でなくてもかまわない。

ここにあげた10の問いのうち、1から6までは、アメリカ人がそのように思い、たとえそれが時には建て前であったとしても、アメリカ社会がそれをよしとしている代表的な価値観だ。

そして、7から10までは、そうしたアメリカに暮らすときに意識しておいていただきたい心構えのうち象徴的なものをあげてみた。

まず、1から6までの考え方の価値観について説明しよう。

これらの考え方の背景にあるのは、すべてを現在のその個人の状態や能力で判断し、その個人が自らの力では変えられない過去や、背景で判断してはならないという考え方だ。

これはアメリカの平等という価値観を考えるときの大前提となる。

背景とは肌の色、性別、年齢、家庭の事情（母子家庭などといった）などを指し、さらにその延長として宗教的背景や病気や障害などといった要素が加えられる。

誰がどの地位にあろうと、いつ職業を選択しようと、それはその個人の能力や実績で評価されるべきで、他の要因がそこにあってはならないというわけだが、こうした考え方をサポートするために、アメリカではさまざまな施設や制度が用意されている。また法人に課せられている義務も多い。例えば、多くの大企業では、託児所などを企業の中に設置しているのもその一例だ。

さらに7から10の問いは、そうしたアメリカに慣れることこそ、アメリカでビジネスをし、業務を成功させる鍵になるということを考え、どのような人がその近道にあるかという視点に立って設問してみた。

すなわち、これらは、日本社会の長短も客観的に見極め、状況の変化に対して柔軟性をもち、新たな環境に積極的に対応できる人が求められていることを考えれば必然的に帰結する行動、そして価値観となる。

ここで、すべてに心からイエスと言えた人は、良い意味で、郷に入れば郷に従うことができて、かつ新しい環境を楽しめるはずだ。

別の表現をするならば、常に、こうしたことにイエスと言える人材こそが、世界人として活躍できる人物ということになるわけだ。

　最後に、ここで大切なことに触れてみたい。それはコメントの3）についてである。

　ここで解説したセクハラ問題と同様に、アメリカのビジネス社会で気をつけなればならないのが、人種に対する発言だ。

　「彼は中国人だけど、けっこう真面目でね」などと日本人は意外と気にすることなく言ってしまう。こうしたコメントは、絶対に慎もう。もちろん特定の人種や国籍の人を対象にした政治的発言などはもってのほか。ポイントは、やはり先にも触れたとおり、常に相手を人種や国籍、性別などによって対応するのではなく、個人として対応するスタンスを持つことだ。

　このコメントの場合、中国人への偏見があることを疑われても反論できない。アメリカ社会には中国系、韓国系、さらにはアジア各地からの移民が市民権をもって活動している。さらに、いわゆる黒人系（アフリカ系アメリカ人という）や中南米からの人々も社会にしっかり進出している。

　アメリカでは、こうした人々をマイノリティ（少数派）というが、実はこうした人々の人口はいま急増し、白人系の人口を追い抜く勢いだ。そして彼らは、アメリカ社会に平等に受け入れられるために、積極的に社会に働きかけている。

　したがって、こうした人々に対して偏見のあるコメントは絶対にしないよう注意したい。例えば、「黒人居住区だからやばいよ。犯罪に気をつけて」などといったコメントはその典型的な例なのだ。

そもそも、職場やビジネス、そして公の場所で、人種や性別など、人を自らが変えることのできない背景で差別したり、差別にあたるコメントをしたりした場合、それは違法行為なのだ。そればかりか、セクハラ問題と同様の訴訟や社会的に懲罰を受けるリスクに直結する。

日本では今でも雇用に年齢制限などを設定し、さらに日本人以外への門戸を公に閉ざしているケースも散見する。こうした行為自体が、アメリカでは違法となり、厳重な制裁を受けてしまう。

そして、我々日本人も、アメリカでは「アジア系」なのだということを忘れずに、アメリカ社会に積極的に対応するスタンスをもっていたい。

―― 嫌われない日本人になるために

日本人がアメリカ（アメリカに限らず海外）で受ける誤解の原因は、日本人もアメリカ人もお互いに相手の文化背景を知らないままに、自分の常識で、相手の行動を判断し評価してきたからに他ならない。

しかも、職場での男女や人種の平等が真の意味で確立していない日本という、いわば日本のビジネス文化の弱点だけが大きく相手に映ってしまったことが、日本人が敬遠される原因にもなっているのである。

そこで、日本人としては、２つのことを実践する必要がある。まず第一に、確かに日本社会の男女間の不平等にはもっとメスをいれ、いわゆる疲労した社会構造をどんどん是正してゆくべきだ。

これがなければ、相手から非難されてもどうしようもない。

　そして、次に日本人はもっと国際社会で自己をPRし、相手と対等につきあってゆくこつを知るべきだ。そのこつさえ理解できれば、誤解のかなりの部分は解消できる。卑屈になって殻に閉じこもるのではなく、そうしたこつを日米間に絞って考えてみよう。なぜならば、日本にとって、日米間は人的物的交流がもっとも盛んで、しかも双方の文化背景が際だって異なるもっとも代表的な事例となるからだ。

　では、いよいよ、そうしたこつを一つ一つ紹介しよう。

第2章
よい環境づくりが
誤解を解く

―― 相手の尺度に慣れることから始めよう

　アメリカをはじめとした世界と交流してゆくとき、まず第一に考えないといけないことは、日本の尺度を捨てるということだ。

　世界中にそれぞれ異なった文化があり、国ごとに特有な風俗や習慣があるように、日本には日本独自の文化がある。

　それは日本人が日本の地理的な条件をベースに、そこに住み生活しながら、2000年以上の長きにわたって作りあげてきたものだ。2000年と一口に言うが、これだけ長い間日本人として自らの文化を育ててくれば、その根は相当深いものと思わなければならない。

　ここで、誤解を避けるためにつけ加えるなら、私は何も日本の文化を否定せよと言っているのではない。自らのアイデンティ

ティとして、日本というものをもっておくことは、海外と交流する上ではむしろプラスになる。

ただ、日本の尺度で相手を判断することをやめ、かつ相手に受け入れられるように自らの行動様式も変化させられるぐらいの柔軟性をもつようにしようと言いたいのである。

もとより、文化や国が違えば、常識も価値観も異なってくる。

したがって、自分の常識で相手の行動を見て、それがおかしくみえたとしても、あるいは不快に思えたとしても、それはあくまでも自分の尺度で相手を見ているにすぎない。果たして相手が日本人と同様にそれを常軌を逸したものと考えているかどうか、それははなはだ疑問なのである。

むしろ、その相手が属する文化においては、日本人からすると不可解な行為が、ごく当たり前の行動として受け入れられているのかもしれない。したがって、常に一歩下がって相手を見る姿勢が必要だ。

ここで、一つの例を紹介する。

日本で親が子供をしかるとき、子供がじっと親の目を見ていたら、多くの親は「なんだそんな目をして」と注意するはずだ。一般的に日本では親や学校の先生にしかられている子供は、下を向いてうなだれている。

ではアメリカではどうだろう。同じケースで、もし子供が下を向いていたら、「ちゃんと私の目を見ないか」と逆に怒鳴られてしまう。

アメリカ人から見ると、目線を合わせていない子供は、親の言うことを聞かず、反抗している子供ととられてしまう。

文化とは何も神社仏閣の類を指すのでも、文学や絵画、あるいは音楽だけを指すのでもない。文化はその文化圏に属する人の行動様式そのものをも指しているのである。

実は、この人の目を見つめるか、それとも目線をそらすかという単純なことが、日米間の人的交流に大きな影響を与えかねないことに、果たしてどれくらいの人が気付いているだろうか。

そんな小さな第一歩から改善してゆくことが、日本人が国際舞台で活躍するための基本的な条件となるのである。

── まずは相手を見つめよう

「いや、最初は戸惑いましたよ。ボスは私のことを嫌いなんだと思いましたね。まさか日本人が強く相手を見つめて話をすることが苦手だなんて思ってもみませんでしたから」

日本企業に初めて勤めるアメリカ人の多くが、このようなコメントをする。この人の場合は、この目線の問題に始まって、さまざまなレベルでの日本人とのコミュニケーションの方法が分からずに、私の所に相談に来たのである。

「問題は、ボスは結構英語を話せるんです。だから、大丈夫だと思っていただけにショックも大きかったんです」

日本人は英会話学校などで英語は学ぶが、どのような表情をして相手と交流するかといったようなことはあまり勉強しない。

実は、このコミュニケーション・スタイル、すなわち意思疎通の方法を習得することは、英語を学ぶことと同じか、あるいはそれ以上に重要なことなのだ。特に、誤解が許されないビジネスの

世界ではなおさらだ。

　よく、いくら勉強ができても人格に問題があるならばだめだと、親は子供に教えるが、英会話ができるということは、その「勉強」を意味し、コミュニケーション・スタイルを習得することは、外国人に「人格」を疑われないための技術を習得することを意味している。

　さて、それでは相手の目を見つめて話をしない場合、アメリカ人は相手の人格をどのように誤解するのか。

　以前、私の講座に参加したアメリカ人にこの質問をしてみたことがあった。

「私のことを信じていない」

「私のことに興味がない」

「私を嫌っている」

「何か私の言っていることに同意できない気まずい事情がある」

「何かを隠している」

「どこかやましいところがある」

　これが、そのときの出席者から出てきた答えである。

　確かに、日本人はアメリカ人をはじめとした海外の多くの人に比べて、相手の目を見つめて話すことをしない。

　ということは、アメリカ人をはじめとした多くの外国人から、日本人はここにあげられたコメントのように誤解される恐れがあるということだ。

　日本人が相手をしっかり見つめるときは、ちょうど相撲との睨み合いのように、相手に露骨に挑戦する場合か、あるいは敵意や強度の不快感を示す場合に限られる。

では、なぜ日本人が相手の目をあまり見ないのかという問いには、いくつか想像できる答がある。

それは封建時代の身分制度のなかで、身分の高い人を見つめることが無礼とされた名残ともいえるし、あるいは古くから狭い村社会を核に知人だけの間で生活してきた日本人は、お互いの意思を目線で確認しなくても、以心伝心で伝達できたからかもしれない。

しかし、海外と交流する場合はそうはいかない。

お互いに見知らぬ人と意思を確認し合うためには、相手の目を見て話すことが、一つの誠意となることはいうまでもない。

── *相手と話をする距離を縮めよう*

そこで、私の講座ではよく日本人の参加者2人ほどに前に出てもらって、なんでもいいから話をしてもらう。

ルールとしては、相手の目をよく見て、しかも自分の目をできるだけ大きく見開いて話をしてもらうのだ。

すると、大体において10秒あたりで、どちらからともなく視線をそらしてしまう、次に、2人の距離をぐっと縮めて同じことをやってもらう。するとほとんどすべての人が即座に目をそらすか、あるいは後ずさりをしてしまうのだ。

次に、同じ実験をアメリカ人にしてもらう。

結果は逆だった。離れているより近づいた方が心地よいらしく、2人のアメリカ人はなんら問題なく、相手の目を見つめて近い距離で話をしている。たとえ片方がもう片方より背が低い場合でも、

結果はほとんど同じだった。

確かに、アメリカ人は、性別を問わず日本人より近い距離で、しかも相手の目を見つめて話をする傾向がある。これに慣れない日本人は、目線をそらすどころか、無意識のうちに後ずさりまでしてしまう。

カリフォルニアに、以前異文化ビジネス・コミュニケーションについて研究し、国際企業などでの研修を手がけてきたクラーク・コンサルティング・グループという会社があった。その創始者のクリフォード・クラーク氏はこの距離感という問題について、

「心地よい距離感というのは、国によって、文化によってかなり異なるのです。たとえば中近東の人はアメリカ人よりも近い距離で会話をしますし、ラテン・アメリカの人にもその傾向があります。一般に日本人はアメリカ人よりも距離を保つことが好きで、そのためにアメリカ人が前に立つと後ずさりをしてしまうんですね」

とコメントしている。

ここで気を付けたいのは、目線を合わせずに、さらに後ずさりをしたら外国から来たあなたのビジネスパートナーはどのように思うかということだ。

大方は、ああ、この人はあまり私と話をしたくないんだろうと直感し、誤解してしまうはずだ。

しかし、だからといって、日本人が自らの行動様式を即座に変えられるかといったら、そうもいかない。実際これは日本人にとっては相当努力のいることだ。まして大体において背も高ければジェスチャーも大きいアメリカ人の前ではなおさらだろう。

だが、それでもここは我慢して、無理をしてでも頑張り、相手

の視線に、そして距離感に慣れていこう。というのも、このことが、日本人とアメリカ人との最初の誤解へとつながり、相手の人格を誤って評価する原因になるからだ。

まして、セクハラがこわいからといって、女性社員の目を見ずに、距離を置いてコミュニケーションしようとしたら、相手に与える印象はむしろ逆で、日本人はやはり女性を遠ざけていると思われるかもしれない。そうした思わぬ落とし穴には十分気を配った方がよいだろう。

── イコーリティ（平等の原則）に従って、リラックスすればいい

確かに、この視線や距離感の問題に代表される、相手に対する無意識の反応は曲者なのだ。

というのも、これは後天的なものでありながら、人の本能も似たようなもので、常に意識しておかないと思わず後ずさりをしたり、目をそらしたりしてしまう。日本人にとってはその方がずっと心地がよいのだから仕方がない。

ただ、こちらが反応すれば相手も反応するということを知っておこう。目をそらして後ずさりをすると、相手もあれこれ考える前に、ちょうど本能が反応するように、日本人に対して不快感を覚えたり、戸惑ったりするはずだ。

こうした反応は、あっと言う間に、ほとんど無意識のままに両者の間の心の距離も隔ててしまう。そしてこれが繰り返されると、職場環境がぎくしゃくしたり、無用な誤解へと発展する導火線に

なることだって十分に考えられる。

　目を大きく開いて笑みを絶やさず、そして距離感になじみながら、アメリカ人との交流の第一歩を踏み出そう。

　実は、目線の問題に代表されるような、日本人にはなじみにくいコミュニケーション・スタイルを、より簡単に励行できるよい方法がある。

　それは、アメリカ流のジェスチャーを加えて相手と話をしてみることだ。あたかも役者になったかのように、アメリカ人のジェスチャーを真似してみると、思ったより簡単にうまく不快感を克服できる。

　ジェスチャーを取り入れてゆくなかで、大切なことは、身振りを大きくすることだ。日本人は、どちらかというと、腕を組んで時には目までつむって相手の話を聞いたりする。会議の席などで、特に年長者にそうした姿勢（ジェスチャー）を好む人が多いようだ。

　こうしたジェスチャーは閉じられたポーズといい、相手を拒絶し疎外しているというメッセージを無意識のうちに先方に伝えてしまう。

　実際、アメリカ人が日本人に向かってプレゼンテーションをしているとき、日本の上司がそうした態度で聞いていたために、自分のプレゼンは失敗したものとしょげかえったアメリカ人を私は知っている。

　アメリカでは、一般的にオープンな姿勢で相手と話をすることがよしとされる。オープンとは、腕を組まずに広げて、心地よくリラックスした姿勢をとることだ。

　もちろん、ミーティングをする相手の地位やキャリアに応じて、

ちゃんとした姿勢で敬意を払うことはアメリカだって日本だって同じである。しかし、そんな場合でも、日本人に比べれば、アメリカ人はかなりリラックスしている。

まして、日々顔を合わせる職場では、アメリカ人は上司と部下の間でも、お互いにファーストネームで呼び合い、日本人から見ればだらしないじゃないかと誤解されかねないほどに姿勢を崩してコミュニケーションをしているのである。

なぜだろう。この背景にはアメリカにおけるイコーリティ **equality**、すなわち平等の理念が働いている。人と人とは基本的に平等でなければならないという概念から、別に上司の前だからといって特にかしこまった姿勢をとらなくてもいいのである。

── 文化のプリズム効果が善意を悪意に変換させる

では、相手が社長で、めったに出会うこともない人だったらどうするか。

最初は地位の低いほうが姿勢を正して敬意を払う。しかし、会話が進むにつれ、社長のほうからファーストネームで呼んでくれと許可を与え、そこからはリラックスして、平等に対応してゆく。

「日本人の上下関係を見ているとまるで軍隊のようですね。アメリカでも厳然と階級が存在する軍隊では、みんな日本のように堅苦しい姿勢をしていますよ。でもビジネスの世界では違うんです」

そう。あまり堅苦しい姿勢をして相手に接すると、この日本人はつきあいにくく、フレンドリーではないと誤解されてしまう。

敬意を払おうとしてとった行為が、アメリカ人から見ると、逆にネガティブな行為に映ってしまうのである。

先に紹介したクリフォード・クラーク氏は、このことを文化におけるプリズム効果と呼んでいる。

視線を弱くした方がよいという日本人の善意が、アメリカ人にはこいつは友好的ではないという悪意に受け取られる。敬意を表するには姿勢を正した方がよいという日本人の好意が、堅苦しく話しづらい奴だというマイナスの評価を相手に与えてしまう。

ちょうどプリズムを通して光が屈折するように、メッセージが曲がって伝えられてしまうのである。

もちろんプリズム効果は双方向に同じような影響を与えている。

日本人の姿勢やジェスチャーがアメリカ人に誤解を与えるのと同じように、アメリカ人のリラックスした応対や相手の目を見て話をする行為が、日本人に「失礼な奴だ」とか「なれなれしい人だ」、または「押しが強く、強硬な人だ」などという印象を与えることもあるはずだ。

最近はかなり少なくなったが、アメリカ人のなかには机の上に足をあげたり、話相手を指さしながら自分の意見を言ったりする人もいる。すると、そうしたことに慣れない日本人は、その場にうまく対応できずにおろおろしてしまう。

また、相手の机の上に腰かけて、日本人から見ればあたかもそこから相手を見下ろすようにして話を始める人だっている。

アメリカ人にしてみれば、単にカジュアルな雰囲気で話をしたいと思っているだけのそうした行為が、日本人に瞬時に誤解を与えてしまうのだ。

そんな時は、こちらも負けずにカジュアルに応対しよう。

最初は相手の行動を模倣しながら、日本の常識を捨てて、両手を広げジェスチャーを大きくしながら堂々と対応しようではないか。

もちろん日本に滞在し、日本で働く外国人には、日本流の行動様式を学ぶような人事教育が必要だろう。そして、逆の場合、すなわち日本人が海外へ出てゆく場合は、何よりも、こうしたプリズム効果があることを事前に理解し、対応できるよう準備することも肝要だ。

── 学校英語の優等生ほど誤解を与える可能性が高い

最近、日本の英語教育のあり方が問題にされ、受験英語でかちかちに固められた「優等生」が国際舞台では役に立たないなどといったことが指摘されているが、実はそうした日本の英語教育で最も欠けているのが、このコミュニケーション・スタイルを学ぶことなのだ。

「誰がこのコミュニケーション・スタイルを一番知らないかって。実はね、それは日本の学校の英語の先生なんです。私は何度も英語の教師と話すことがありましたが、彼らは英語を話すことはできるのですが、その話し方ったらやたら文法ばかりを気にするせいか退屈で、おまけに態度も堅苦しい。しかも、話が日本人の思考方法の域から出ていないので、英語として生き生きとせず、どうしようもないんですよ」

こう指摘するアーニー・ガンドリング氏は、サンフランシスコをベースにグローバルな環境での企業活動と、そこでの人的なコミュニケーションを専門とするコンサルタントで、私の大の友人でもある。

　彼は、以前名古屋や筑波、そして倉敷で生活をしていたことがあるが、そんな経験のなかで、日本の英語教育の原点にある教師の問題を指摘する。

「だって、人と人とがコミュニケーションする場合、実際に話される言葉と、その言葉の背景を伝える非言語、すなわちジェスチャーなどの要素が一体となって初めてメッセージが伝達されるわけですよね。ということは、単に英語そのものを教えるだけでは、アメリカやイギリスといった英語圏の人との交流のノウハウの半分くらいしか教えたことにはならないんです。英語の背景にある人の行動や文化をちゃんと教育する必要がありますね」

　彼に言わせると、その英語そのものですら、日本人の発想で教えられていることが多いという。ということは、日本の学校で英語で高得点を取る人ほど、外国人に誤解を与える可能性の高い人ということになるかもしれない。

　その代表的な例が、英語でのプレゼンテーションやブレインストーミングのやり方だが、これについては後でさらに詳しく解説したい。

　海外へ進出し、海外の人々と交流してゆくには、このように日本人の常識そのものを横に置いて、別の常識のなかに自らを位置付けてゆくだけの柔軟さが必要とされるわけだ。

── 外国語を使うと人は鈍感になってしまう

　以前、私は日本のある出版社の国際部の関係者と、アメリカ人のエージェントとの間のミーティングをアレンジしたことがあった。

　それは、アメリカ側の幼児向けのキャラクターの出版権を獲得するための打ち合わせで、両者とも初対面。しかも、条件面で折り合いがつかず、会議は難航した。

　ところで、この会議の冒頭、アメリカ人が叩き台になる条件を提出したときのこと、アメリカ側の説明が終わってしばらくして、日本側の長い沈黙に耐えられなくなったアメリカ人の担当者が、何かご質問はと日本人に話しかけた。

　すると、話しかけられた日本側の担当者のT氏はにやりと笑い、同僚の日本人の方を見る。そして、その後また沈黙。

　だんだんとアメリカ人は腑に落ちない表情をつのらせてくる。

　そこで、私が割って入って、日本側に問題点があれば今のうちにと念を押す。するとその日本人の担当者は、再び同僚とこそこそと話をしたあと、私に契約金の前払いの部分があまりにも高すぎると、ささやいた。

　そこで、私はあたかも通訳のように、その意向をアメリカ側に伝達する。その後、こうしたやり方で会議が進行した。

　さて、休憩時間になって、アメリカ人の担当者が私に話しかけた。

「なぜ、あのとき、T氏はにやりとしたんですか」

この質問には私も困ってしまった。

　というのも、私からみれば、あれは日本人特有の苦笑いで、アメリカ側の提案に不満足だということを暗ににおわせたのだろうが、アメリカ人からしてみれば、それならなぜちゃんと口頭でその意見を言わないのかということになる。

　そしてT氏は自分の考えに同僚も同意しているかどうか確かめようと、横を向いたわけだろう。目と目で意思疎通を行ったあと、また黙り込んだのである。

　なぜ、黙り込んだのか。

　いや、T氏は黙り込んだのではないかもしれない。ただ心の中で意見を整理していただけだったのではないだろうか。

　しかし、日本人に比べ、沈黙を苦手とするアメリカ人は、このT氏の沈黙に過敏に反応したのである。

　アメリカ人は沈黙を常に言葉などで埋めようと努力する。しかし、日本人はある程度の沈黙があった方が、会話を心地よく進めることができるわけだ。このコミュニケーション・スタイルの違いが、相手に誤解を与えてしまうというわけだ。

　まして、英語でのミーティングでは、頭の中で日本語から英語に、英語から日本語へと翻訳する時間が必要なこともあって、沈黙の時間がさらに長くなりかねない。

　いずれにしろ、アメリカ側はこうした日本人の習慣、そしてコミュニケーションの方法が理解できず、無用な警戒心をもってしまったのだ。

　結局、私が常に間に入って、日本側の意見を整理し、アメリカ側に伝えたり、アメリカの商習慣を日本側に伝えたりと、その場

を取りもち、会議を進展させるために四苦八苦ということになってしまった。

さて、そんな会議もようやく一段落というときに、ハプニングが起きたのだ。

それは、結局のところT氏だけでは決裁できず、上司の意向を確認しなければならなくなったため、会議をそこで中断し、明後日に再開しようということで話がまとまった直後のことだった。

この会議を中断すること自体も、アメリカ側からしてみれば不可思議なことで、なぜ担当者であるT氏が決裁できないのかということになる。日本流のすべての人のコンセンサスを得てから議事を進行するというビジネスの方法を知らないアメリカ人からしてみれば、いちいち上司の意向を打診するT氏の態度に、煮え切らないものを感じただけでなく、彼の能力自体に疑いを抱いたようだった。

しかも、T氏は英語を喋れるにもかかわらず、常に同僚の意見を気にし、私にこそこそとコーディネートを依頼する。すなわちこれらすべてがアメリカ人からしてみれば不可解なことだったのである。

そして、いよいよ最後の段階で、T氏が一言相手に話しかけた。相手の目も見つめずに、相変わらずアメリカ人にしてみればにやにやした表情で、「I am afraid to say that you are boring」と言ったのだ。

これはT氏にしてみれば精いっぱいのコミュニケーションだったのだろう。しかし、これを聞いた先方は、驚きと怒りの表情を交錯させながら、言葉を失った。もちろん私も青くなった。

というのも、これは緊張して英語で相手を慰労しようとしたT氏が、英語表現の上で決定的なミスを犯してしまったのだ。

　T氏は、「長い会議で退屈されたのではないかと、とても心配しています」と言いたかった。しかし、それならば「I am afraid to say that you are bored」と言わなければならない。boreという単語をbe動詞と一緒に使い「ing」をつければ、「あなたが退屈している」という意味ではなく、「あなたは退屈な人だ」という意味になり、相手を侮辱することになってしまう。

　これこそ、大学の受験問題にでもなりそうな英語の落とし穴だが、問題はそれまでのT氏の対応やコミュニケーションの方法がアメリカ人からみれば不可解なことだらけだったため、最後のこのミスで、彼らは「このTは、とてもじゃないがつきあえる相手ではない」という結論に達してしまったのだ。

　私は慌ててT氏のミスが単純な文法上のミスであることを伝え、T氏にも何が起きたのか説明したが、T氏は状況に対応できず、ただきょとんとするだけで、あとは同僚とそそくさと部屋をあとにする始末。

　これには私もむっときてしまった。しかし、あとになってT氏のことを考えれば、T氏がなぜそそくさと部屋を後にしたのか容易に推理できる。

　T氏は、何か気まずいことが起きたことは理解できたのだが、単純にそれがどういうことなのか、それに対して何をしなければならないのか理解できず、ただあたふたとしてしまったのであろう。

　もちろん、その場で起きたことそのものについていうならば、

英語が話せ国際部に勤務していながら、海外とのコミュニケーションの方法を理解していないT氏に相当の責任があることは明白である。

しかし、それに加えて、母国語でない言語を使用した場合、人は母国語を使用するときのように繊細ではなくなるということを知っておく必要があるのではないだろうか。自分のミスが相手にどんなショックを与えたかということ自体に対して、日本語の世界で生活しているようには敏感になれなくなる。

しかも、英語での商談というような緊張した状況のなかでは、人間として当然行わなければならないマナーですらうっかりと無視してしまったりということがあるのである。

「あなたは退屈な人だ」といわれたアメリカ人からしてみれば、当然そうした背景は理解できないだろうから、単純にそれを侮辱ととったわけだ。

── *あなたが嫌っているときは、相手も不審に思っている*

さて、そのミーティングの夜、夕食を共にしながらT氏は私にこう言った。

「いや、アメリカ人はせっかちですよね。ともかく結論を急ぎたがる。それに自分の商品に自信をもっているせいか、決して譲らないですね。こりゃ困った。思ったより強硬な相手ですねこれは」

私はびっくりして、どうしてそう思ったんですかと聞いてみた。

「だって、こちらの言うことなんて聞こうとしない。われわれの

商品は素晴らしいので、そちらが歩み寄らない限りだめだって感じですよね。アメリカ人っていつもそうじゃありませんか」

実はT氏はT氏で相手に対して不快感をもっていたのである。

文化背景の違う二者が交流し、問題が発生した場合、片方だけが一方的に不満を抱いていることはめったにない。

両方がそれぞれ、しかも多くの場合、同じようなテーマに対して不満を抱いているのだ。

日本人に対してアメリカ人が抗議する内容に、「日本人は、われわれに情報を公開したり共有したりしない」というのがある。どうしてそうしたコメントが出るのかはあとで説明するとして、そうした不満がある場合、ほぼ間違いなく、日本人も同じように思っているはずだ。

すなわち、日本人は日本人で「アメリカ人は自分たちだけで情報を握り、われわれと共有しようとはしない」と思っているはずである。

T氏の場合、彼の商談の相手だった人物が、いかにもアメリカ流に、しかもニューヨーク流に迅速に、かつ大きなジェスチャーを交えながら、自分の事情をしっかりと説明し、自らの利益を守るべく会議で発言したため、その態度に圧倒され、うんざりとしたのであった。

言い換えれば、そうしたアメリカ人の態度に接した結果、T氏から見れば、「あのアメリカ人はなんとなく利己的で、押しが強く、信用できない奴だ」ということになってしまった。T氏もアメリカ人も、どちらも相手の人格に疑問をもってしまったのである。

それなら、T氏も同じように堂々と日本側の事情を説明すれば

よいだけのこと。そして、だめなものはだめ、よいものはよいと明解に表明すればよかっただけのことなのだが、そうした柔軟性のなかったT氏は、ただただどぎまぎしてしまったのである。

そんなT氏が、相手の目を見ずに、常に距離をおきながら、何かというと同僚の顔を見たり、私を通して話をしたりしたものだから、アメリカ側は不審に思い、いよいよ強くT氏に迫ったのである。

するとそんなアメリカ人の反応をみて、T氏はますますアメリカ人に対して警戒するという悪循環が続いたのだ。

そして、なんといってもこの会議での最大の問題は、T氏もアメリカ側も相手のビジネス・カルチャーに関する知識が欠落していたことだろう。

たとえ、英語にハンディはあったとしても、T氏がアメリカ流のオープンな姿勢で、相手の目を見て話していれば、T氏への評価はかなりプラスに転じていたに違いない。そうすれば、いかに英語表現の上で重大なミスを犯したにせよ、相手から決定的にマイナス評価されるようなことはなかったはずだ。

── 笑みを浮かべて「申し訳ありません」では何も通じない

T氏のような誤解を受けないために、もう一つ注意しておきたいことは、相手と接するときの表情である。

アメリカ側もT氏の「にやり」が何を意味するか分からないといったように、外国人から見ると日本人は実に不可解な表情をし

ているようだ。
　自らの感情を控えめに表現することが美徳とされているせいか、外国人から見ると日本人には表情がない。しかも、時には心の中の思いと表情とが一致していないことすらあるから大変だ。
　苦しくても楽しくても曖昧な笑みを浮かべがちな日本人。
　実は、多くの外国人は楽しいときには楽しい表情、苦しいときには苦しい表情をするのが普通である。特に、移民によって国が成り立っているアメリカの場合、相手に意思を的確に伝達するためには、言っていることをしっかりと表情やジェスチャーでバックアップしない限り、社会が成り立たない。
　だから、こうした日本人の曖昧な表情は、まったくもって不可解な印象を相手に与えてしまうどころか、時には侮辱されているのではといった誤解を与えかねない。
　以前、私のオフィスにデトロイトで開業しているお医者さんから電話があった。
　彼いわく、「日本人はマナーがよすぎるのか、プライドが高すぎるのか、本当にどれだけ体に不調を感じて私のところにやってきているのか分からない」と苦情をもらした。
　というのも、一週間ほど前に彼のところに一人の日本人女性がやってきたのだ。彼が、「どうなさいましたか」と聞くと、たどたどしい英語で、
　「申し訳ありません、胃のあたりがちょっと」と言ったそうだ。
　アメリカ人の医者は思った。まず、この人は別に悪いことをしているわけでもないのに、何が「申し訳ない」のだろうと。そして、次に「胃のあたりがちょっと」というけど、それはどういう意味

だろうと。

むかつくのか、痛いのか、それともただもたれているのか。ちょっとと言っている以上、それは大したことではないんじゃないか。

「おまけに、その女性は笑っていた！」と彼は言った。

「病院にやってきて、にこにこしていた人を私は初めて見ましたよ。これはどういうことなんですか」

私は即座に、「いや気を付けて下さい。その人結構つらいのかもしれませんよ」と注意した。

「いやね。私も医者ですから、一通りのチェックはやってみたんです。すると内臓に出血があることが分かりましてね」

検査してみると、彼女は胃潰瘍だったのだ。

お分かりのように、彼女は笑っていたのではない。日本人特有の曖昧な笑みを浮かべていたのである。その医者は患者さんがはっきりと症状を話し、協力してくれないと、責任がもてなくなるとこぼしていた。

そこで、私はあまりアメリカに慣れていない日本人がやりそうな、コミュニケーション・スタイルのギャップについて彼に解説し、できるだけ彼女が話すより深刻に、注意深く診察するようにとアドバイスをしたものだ。

加えてこの場合は人の命の問題だから、彼女の友人でもっと英語の達者な人に同行してもらうのも一案だとも助言した。言葉の上での表現が曖昧な上に、表情まで感情と一致していないとなると、確かにアメリカ人から見るとお手上げだろう。

特に商談などでは注意したい。そして、思いっきり嬉しそうな

表情と、実に深刻そうな表情をちゃんとできるように練習して、恥ずかしがらずに使い分けたいものである。

── *若手もどんどん会議に参加しよう*

ここまで解説すると、読者の方々にも、英語力が海外で相手と理解し合い、コミュニケーションを促進するための必要十分条件ではないことが、わかっていただけたはずである。どんなに英語ができても、相手のコミュニケーション文化を理解していないと、英語ができる分だけ誤解が深まってしまう。

むしろ、英語はたどたどしくても、こうしたコミュニケーション・スタイルの相違を理解し、それを使いこなすすべを持っている方が、はるかに信頼関係を構築できるのだ。

だから、海外では敢えて、今までの常識に従った、慣れ親しんだやり取りのノウハウを捨てて、相手の文化を尊重しながら、相手に積極的に働きかける柔軟性が必要になる。

これは、日本での学歴とは全く無縁のノウハウである。特に、日本の今までの英語教育での常識とは真逆の、コミュニケーションを重視したアプローチが求められる。

実際に、日米の政府間協議などを見ていると、こうした曖昧さがいたるところに見受けられ、これでは日米間で誤解が生まれるはずだと納得する。

また、若い人たちも普段はカジュアルにしていても、いったん上司と一緒に会議に臨むと、とたんに固くなり、多くの場合一言も喋らない。

もちろん、日本の社会で若手が上司をさしおいて話をしたり、リラックスした態度をしたりするのは非常識なことだということはよく分かる。したがって、アメリカ側との打ち合わせの前には、ちゃんとそれに見合った心構えをして、日本人の間でも事前に準備をしておきたいものである。

　日本人から見れば少々お行儀が悪くてもかまわない。姿勢を崩して、足を組んで、オープンなジェスチャーで相手に接すれば、緊張もとけて、より和やかなムードが醸し出せる。

　最悪なのは、会議に出席しても、若いからという理由などで一言も喋らずに終始することだ。これは「この人はなぜ出席しているのだろう」という疑問を相手に与え、下手をするとその人の役割や能力が過小に評価される原因になりかねない。

　次章では、こうしたことを考えながら、外国人を交えたミーティングでのマネージメントの方法について、メスを入れてみたい。

第3章
インタラクティブ・コミュニケーションとブレインストーミング

—— ミーティングはイコールなテーブルで

　アメリカ人と、あるいは一般的に外国人と話をしたり、打ち合わせをする場合、忘れてはならないのが、インタラクティブにコミュニケーションを行うということだ。

　最近、日本でもインタラクティブという言葉が英語のまま定着している。インタラクティブとは、お互いに、ちょうど歯車が噛み合うように双方向から交流し、影響を与え合いながら行動したり、コミュニケーションを行ったりすることを意味する形容詞だ。

　それでは、グローバルな会議において、インタラクティブであるということは、いったいどのようなことを意味するのであろうか。

まず最も大切なことは、「イコールなテーブル」を創造することだ。

　「イコールなテーブル」とは、年齢や肩書きに関係なく、誰もが気がねなく、同等に、そして積極的に会議に参加できる環境を設定することを意味している。

　もちろん、一定の礼儀やマナーがあることはいずこも同じで、参加者の立場も考えず、いきなり自らの意見だけを主張したりといった態度は、アメリカでも控えるべきだ。

　ただ、一定のマナーはあるにしても、アメリカでは日本よりは誰もがカジュアルに会議に参加する。特にここ20年の間に、席順や発言の優先権などを考慮することなく、民主的に誰もが会議で意見を述べるようにしようというマネージメント・スタイルがあちこちで見られるようになり、アメリカのオフィスの雰囲気が大きく変化した。

　特に、先端産業や、若手の企業のなかにそうしたムードが浸透しており、このことがアメリカでの企業活動や企業内コミュニケーションの活性化に大きく貢献していることは否めない。

　一例をあげれば、シリコンバレーにあるコンピュータ関連の会社などでは、技術者や起業家などが世界中から集まってきている。彼らは、お互いに文化背景も違えば個性も違う。つい最近私が、シリコンバレーの南端に位置するサンノゼにある大手企業でクロスカルチャーのトレーニングを行ったときも、それに出席した15人のエンジニアのうち、なんと13人までがアメリカの外で生まれ育った人たちだった。中国系、インド系が特に多く、その他中近東、ロシア、ヨーロッパ各地など、文字通り世界中の人々が同じ屋根

の下で働いている。

そうした企業では、伝統的なマネージメント・スタイルを従業員に一律に押し付けても、うまく機能しない。まして、先端産業では人材獲得という面でも競争が激しく、マネージを誤れば人がどんどん流出してしまう。

したがって、こうした企業では、社員が一人一人の個性と能力とを最大限に発揮できるように気を配っており、会議の運営方法も極めて民主的だ。

こうした新しい傾向が、アメリカの伝統的な企業にも大きな影響を与えはじめているのである。なんでもかんでも欧米のトレンドを取り入れたり、真似をしたりすることがよいこととは言い難いが、少なくともこのボーダレス時代にふさわしい新しい動きを輸入し、新たなミーティング・ルールを作ることは、日本企業内での業務の活性化を考える上でも大切なことではないだろうか。

──「ブレインストーミング」という　　コミュニケーション文化を理解しよう

それでは具体的にはどのようにすればよいのだろうか。

ごく基本的なこととしては、そうした雰囲気を作るために、丸いテーブルで会議を行うこともよいだろう。

そうすれば、さほど席順などにこだわる必要もなくなるし、それだけ精神的にも上下関係を気にするといったわだかまりが軽減される。

次のステップとして、ミーティングの場にブレインストーミン

グの考え方を導入する。これは、欧米で仕事をするときには特に大切なノウハウだ。

ブレインストーミングとは、誰かが提出したアイディアを、あたかもそれをテーブルの上に置いてたたき上げるようにして皆で検討することを意味している。ブレインストーミングの場は無礼講でなければいけない。また、一つのアイディアが否定されても、次から次へと代案を提出し、皆でそれをよりよいものにしてゆくように心がけなければならない。

特に大切なことは、アイディアを出した個人と、そのアイディアとを必ず切り離して討議することである。別の言い方をするならば、人の出したアイディアに対して、別の人が反対意見を述べたり、対抗案を出したりすることを奨励するためには、アイディアはアイディアであって、個人を攻撃するものではないというルールを、ブレインストーミングを行う前に、お互いに確認する必要があるのである。

これは、日本人がともすると苦手とすることだ。というのも、日本では、自分のアイディアに他人がコメントをした場合、そしてそれが特にネガティブなコメントであったりした場合、その人が発案者の人格そのものをアタックしているかのような印象を与えてしまうからである。そこに上下関係や先輩後輩のルールが介在すればなおさらである。

日本では上司が何か発言すると、その会議では概ねすべての人が黙ってそれを尊重する。どうしても、反対意見のある人は、やんわりとそれを言うこともあるが、多くの場合は会議の席ではなく、別の場所で非公式に自らの意見を述べ、根回しを行って上司

の意見とすり合わせようとする。

　こうした、手間を省き、会議の場で無礼講のルールのもと、アイディアをどんどん闘わせるようにすることが、ブレインストーミングの基本ルールなのである。

　実際、アメリカ人は、アイディアはハートから出たものではなく、その人によって創造された道具であると考える。道具である以上、より効率的な道具を提出されれば、それはむしろ歓迎されるというわけだ。

　したがって、人が他の人の出したアイディアに対して、その人の前で自らの意見を言ってもかまわないわけで、むしろその方がそのアイディアを出した発案者が注目されていることになるわけだ。

　こうした文化背景をもつアメリカ人が、ブレインストーミングを避けて、非公式に意見を調整しながら慎重に物事をすすめてゆく日本特有のプロセスを見れば、ただただ混乱するだけで、いったい何がどうなっているのかさっぱり理解できない。

　会議の場ですべてを話し合い、討議しようとする彼らにしてみれば、日本ではいったいどこで意志決定が行われ、どこで物事が討議されているのか皆目検討がつかないのである。何かあるならば、会議の席上で表明し、対案があるのなら、テーブルの上にどんどん出して欲しいと思っているのだ。

　この常識に従って、アメリカ側は皆が出席している会議の場で、どんどん日本側の提案をアタックしてくる。しかし、そうした風習に慣れていない日本側は、むっとして黙り込んでしまう。すると、状況の分からないアメリカ人は、さらに自らの意見を理解し

てもらおうと懸命に話し出す。こうなると、日本側としても、その場でどのようにそれをかわしてよいかわからなくなる。そこで、遠慮して相手の意見を無理矢理受け入れようと努力するか、あるいは受け入れるような振りをするために、会議が終わってもフラストレーションだけが残り、あとでそれがお互いにとっての誤解の原因になってしまうのである。

「なんでアメリカ人は人の立場も考えずに、自分のアイディアだけを押し付けてくるんだろう」

という日本人のコメントは、こうした会議に対する考え方の違いがその原因となっているケースが多いのである。

一般的に、ブレインストーミングでは、一つのアイディアをさまざまな事情で承認できない場合、そのアイディアを元にして、次のアイディアを生み出すように、皆で活発に討議をする。こうしたプロセスも日本では摩擦の原因となってしまうことが多い。

日本の場合、発案者の意見が上司などから否定された場合、「それならば、このようにすればいかがでしょう」などと言って、即座に代わりの意見を表明したりすると、これがかえってマイナスの評価になったりするのである。

すなわち、提案を行った本人は、「オリジナルの意見を真剣に考えていなかったから、次から次へと別の意見が出てくるのではないか。こいつはなんとなく軽率で重みのない奴だ」という批判を受ける可能性があるのである。

こうしたリスクを避けるために、日本では発案者は、しばらく間を置いてから、やはり適切な場を考え、再び次の案を提示したりする。

しかし、ブレインストーミングの場では、その案を皆が一緒になって検討するわけだから、オリジナルのアイディアを提供した人物であろうが、その人の後輩であろうが、はたまた上司であろうが、どんどん対抗案や代案を提出する。

　仮に、それがその場での思い付きであっても、そこからどれだけアイディアの質を向上させることができるかが、ブレインストーミングでの出席者の使命となる。

── *英語でのコミュニケーションは相手の話の腰を折っても構わない*

　ということで、このブレインストーミングの発想に従って、今度は具体的にどのように会話を進めてゆけばよいかということを考えたい。

　これにはアメリカ人をはじめとする欧米の人々との会話の進め方の裏にある暗黙のルールを知る必要がある。

　一般的に、日本人はそのルールを知らないがために、日本人とアメリカ人との会話の様子を見てみると、どう見てもアメリカ人の喋る量が、そして喋っている時間が圧倒的に多くなってしまう。これでは、対等に相手とブレインストーミングを行うことは無理である。

　仮にブレインストーミングの発想を横に置いても、そもそも英語力にハンディのある日本人が、対等にアメリカ人と話をするなんて不可能だと思われる方も多いだろう。

　私はそういった危惧をもつ人には必ず、いやそんなことはあり

ませんよと強調する。言葉にハンディがあったとしても、アメリカ人のコミュニケーション・スタイルをちゃんと理解して、対策を立てて対応すれば、問題は解決する。

それではどのようにすればよいのだろうか。

そもそも、アメリカ人はなんであんなに外国人に向かってぺらぺらと英語で話してくるのだろうと思ったことのある人は、結構多いのではないだろうか。

われわれ日本人は、必死になって英語を喋っているのに、そんなことにはお構いなく相手はまくしたててくる。彼らには人に気を遣うとか、人の苦労に同情するとかといった気持ちがあるのだろうかと日本人は批判する。

この苦情をアメリカ人に話すと、彼らは彼らでびっくりする。アメリカ人に言わせれば、彼らだって日本人には英語が母国語でないことぐらいは知っている。ただ、それならばアメリカ人が喋っているとき、なぜもっとゆっくり話してくれとか、分からない部分を聞き返してきたりしないのかと、彼らは不思議に思うのである。ここで、日本とアメリカとの常識の違いに再びスポットを当ててみたい。

日本では話を「傾聴する」という言葉があるように、基本的に聞き手は話し手の立場を尊重し、その領域を侵さない。すなわち、話は最後までじっくりと聞くものとされ、話し手は自らの責任において、最後まで理路整然と論旨を展開してゆかなければならない。

したがって、話し手が話している最中に、その話を遮ったり、あるいは自分の意見を言ったりすることはタブー中のタブーで、

まして立場の上の人が話をしている場合などは、なおさらだ。

　では、アメリカではどうか。アメリカでは話し手が相手の話を聞き、理解しようと努力している姿勢を別の方法で表現する。それは、質問をすること、分からないことがあればチェックすること。そして、必要ならその場で自分の意見を述べるという方法だ。

　これは、先に説明したブレインストーミングの発想と酷似しているが、アメリカではこうした行為を相手が話している途中にどんどんやってもかまわないし、その方が、話している相手も自分の話に興味を示しているということの確認になると、思っているのである。

　そう。必要ならば「相手の話の腰を折る」方がよいのである。

　具体的には、相手が話をしているときに、分からない単語や聞きとりにくい箇所があったら、相手が話を終えるまで待つのではなく、その場で相手の話を止め、そこでチェックしたり質問したりする。

　これは日本人が大変苦手な作業である。

　しかし、アメリカ人からしてみると、日本人がそうしてくれないものだから、彼らの常識に従って、相手は話が分かったものだと誤解して、どんどん先へ進んでゆくのである。

　そうなると日本人は日本人で、相手の言っていることが分からなくなるものだから、ますます緊張し、かつ曖昧に相槌だけを打ってゆく。その結果として、アメリカ人が何を言いたかったのかさっぱり分からないということになる。そして、思う。「アメリカ人ってなんて身勝手な連中なんだ」と。

── 移民が生んだ テニス式コミュニケーション

よく私や私と一緒に仕事をするアメリカ人のコンサルタントは、アメリカ人のこうした会話の進め方をテニスにたとえる。

テニスでは、相手が打ったボールを見送ってはいられない。自分のコートに来たボールは、すぐにそれを打ち返すが、そうすれば相手はいきなり前に出てきてボレーをしたりする。もちろん、こちら側も相手がリズムを崩して強打してくることに備え、即座に体勢を立て直す。

「それに比べると、日本人のコミュニケーションの仕方はボウリングのようですね」

そのように、日本の事情に詳しいあるアメリカ人のコンサルタントがコメントしたことがある。

そう。ボウリングは自分がボールを転がしたあと、自分も対戦相手もその行方を黙って見る。そして、ボールがピンを倒したあと、ゆっくりと次に移ってゆく。

この2つのスポーツに代表されるように、日本人とアメリカ人とはまったく違ったコミュニケーション・スタイルをもっており、この2つは噛み合わない。

日本人は、会話と会話との間に間を置いて、相手の様子を伺いながら会話を進めるが、テニス流でやってくるアメリカ人はその間を無視してかかってくるから、日本人は立ち往生してしまう。ボウリングではない。テニスをしていると思って、かからなけれ

日本語と英語で異なる会話の常識

日本語：会話の間に沈黙が生じることがよくある

英語：会話の間に沈黙はなく、会話がオーバーラップすることが頻繁に起こる

日本語は、会話の間に沈黙が多く、英語では相手と自分との会話の間にスペースがないどころか、相手がしゃべっているときに割り込むことも。特に、ビジネスでの白熱した議論の場では、こうしたコミュニケーションについての常識の違いが顕著になる。日本人は、この違いにいかに対処してゆくかが大きな課題。逆に日本人も相手がしゃべっているときに、早すぎたり、単語の意味がわからないときは、その場で相手のスピーチをとめて、チェックしたり質問しても構わないのだ。最後まで聞くのではなく、その場でわからないことを表明する習慣をつけることは、英語でのコミュニケーションではとても大切なノウハウとなる。

ばならないのだ。

　それでは、こうしたアメリカ流のコミュニケーション・スタイルはいったいどこで生まれ、どのような文化背景のなかで育まれてきたのであろうか。

ここで、映画などでおなじみの西部劇を思い出してみよう。西部劇の舞台は19世紀中頃で、場所はと言えば、東は現在のカンザス州から西はカリフォルニア州やオレゴン州に至る広大な地域である。

　当時カンザス州とミズーリ州との州境のそば、現在のミズーリ州カンザスシティのすぐ東にあるインディペンデンスという街に、西部開拓に旅立とうという人々が集まっていた。東部の街々からそこまでは湖や川をつたってくれば、比較的簡単にやってくることができたのである。

　インディペンデンスに集まってきた人々が目指したのは、カリフォルニアやオレゴンといった、当時はまだ未開の大地。それは温暖で肥沃、しかも広大な新天地だ。彼らはそこで農業をしようと夢見ていたのである。

　また、1849年にカリフォルニアで黄金が発見されると、いわゆるゴールドラッシュの恩恵にあずかって、あわよくば大金をと思って旅立った人も多かっただろう。

19世紀末に大西洋を渡ってアメリカに移住する人々。アメリカは移民の国である

彼らは、未開の荒野をアメリカン・インディアンからの襲撃や、あるいは天災などの危険を背負いながら、西へと進む。その全行程は約6ヵ月。まさに命がけの、そして一度旅立ったら後には戻れない大事業だったわけだ。

こうしたアメリカ人の開拓者魂を多くの監督が映画にし、それが日本にもやってくるわけだが、これを観ている日本人の多くが誤解していることがある。

それは、西部劇に登場する誰もが流暢に英語を話していることである。実は、こうした命がけの旅をした人のなかには移民一世も結構いた。彼らは苦労して大西洋を渡ってきたあと、またはるばると西部に向かって旅立ったのである。

彼らの多くは英語が片言しか喋れない。また、喋れたとしても色々なアクセントがあって、なかなかうまく通じない。

西部に向かって旅立った人は、共同して身を守りながら旅をする必要性から、インディペンデンスで見知らぬ者同士が即席のグループを作って出発した。

こうしたグループのメンバー同士が、道中打ち合わせをしたり、危機に対処したりするとき、いったいどのようにコミュニケーションをしていたかということを考えていただきたい。

「おい、川があるぜ。あそこのトリーを切っていかだを……」
「なんだって？ トリイだって」
「だからよ。トリーさ。ほらあそこに森の」
「ああ。トゥリーだな。tree!!! よし、あれを切っていかだを作ろう」

きっとこのような会話がいたるところで行われていたに違いな

い。特に危険に見舞われたり、食糧源となるバッファローなどの野性動物が現れ、いざ狩りだというようなときには、大きな声で、しっかりしたアイコンタクトとジェスチャーで明解にメッセージを伝え、分からないときは即座にチェックをしなければ、命取りになることだってあったはずだ。

　こうした経験を通して、アメリカ人流のコミュニケーション・スタイルが培われていったといっても過言ではない。

　当時、インディペンデンスから現在のオレゴン州に向けて旅立った人口は、アメリカの全人口の50分の1。

　それにカリフォルニアや他の地域に向けて旅した人を加えると、相当な数の人が、大移動を行ったわけで、これはローマ帝国を押し潰し、現在のヨーロッパの起源を形作ったゲルマン人の大移動にも匹敵する、歴史的にも意義のある人類の移動劇だったのだ。

　おまけに、ネイティブ・アメリカン、すなわちアメリカン・イ

開拓者精神は今でもアメリカ人の大切な価値観の一つ

ンディアンを除けば、すべての人が海を渡ってきた移民であることを考えれば、当時のアメリカ人の誰もが「旅人」であったということになる。

ちなみに、オレゴンに向かった人のうち、10人に1人は途中で倒れ、荒野に埋められたことを考えれば、いかにこの旅が苛酷なものであったかがよく分かる。

── *遠慮せずにすすんで相手にリクエストをしよう*

この開拓者精神、そして移民としてサバイバルしてきた歴史的な背景から、アメリカ人は会話や交渉の最中に、分からないことがあると即座に話を止めて確認をしてくる。

これに日本人も慣れる必要があるわけで、日本人が聞き手である場合は、相手の話を理解することは日本側、すなわち聞き手側の責任であるということをよく認識して、会話に臨まなければならない。

分かっていないのに、ただ「イエス」と言ったり、遠慮して分かったふりをしてうなずいたりするものだから、相手に誤解されてしまうのである。

実は、多少英語ができなくても、このことをしっかりと理解し、行動に移せば、英会話学校に通って英語を身に付けていながら、日米間のこうした行動様式の違いを知らずにアメリカ人に対応している人よりも、はるかにうまく相手と意思疎通ができるはずである。

また、当然のことながら、相手の英語が速くて分からない場合、相手の話を止めて「ゆっくりと話して」とリクエストするのも、われわれ日本人側の役割なのだ。

　遠慮することはない。どんどん相手にそうした要求を出していこう。

　特にアメリカ人は、先に触れたイコーリティの概念から、他人にゆっくりと話をすることは、相手を子供扱いしたり、ひいては差別しているというふうに思われるのではないかという危惧をもっている。

　そこで、誰に対してでも、彼らは分け隔てなく、彼らにとって普通だと思われるスピードで話そうとする。

　そんな相手の話を止めるとき、どうしてよいかわからなければ、両手をあげて「Wait! ちょっと待って」と言ってもかまわない。

　恥ずかしいことではない。分かったふりをして、あとでこそこそと辞書を引いたり、相手に改めて確認をしたりする方が、よほど恥ずかしいことで、相手に不信感を与えてしまう。

　繰り返しになるが、相手の話を最後まで聞き終えてから質問をするのは、日本人のマナーであって、アメリカ人は違う常識で会話を行っているのである。

　もちろん、相手の話を遮って確認をする表現方法はいくらでもあるが、これこそは英会話術の領域なので、ここで細かく触れることは差し控えたいが、大きく分けると次の方法で、相手に対してチェックを行うとよい。

　1）まず、相手の話で分からない箇所があればその場で躊躇せず

に話を止める。

2）止め方は「Excuse me.」などといった表現を使えばよい。

3）相手がさらに会話を続けようとしたり、うまく相手を止められないと思ったときは、手で相手の会話を制止するようなジェスチャーも併用する。

4）分からない内容がセンテンスであった場合、相手にリピートしてもらったり、別の表現で話してもらったりする。また、内容によってはイラストに置き換えてもらったりするのもよい。

5）分からないことが単語であった場合は、別の単語に置き換えてもらうか、あるいはスペルを同時に言ってもらったりする。

6）相手が速く話していると思ったときは、躊躇せずに話を止めてゆっくり話してもらう。

7）会話の内容が重要な打ち合わせで、さらに明解に理解したいときは、最後にこちらから理解した内容をリピートして、自ら進んで確認をする。

8）さらに、込み入った打ち合わせが予想されるときは、前もって打ち合わせの内容に関するメモをもらっておく。

　相手の話を制止するのは、分からない箇所があった場合、その場で即座にやらなければならない。それをせずにおいておくと、相手はどんどん話を前に進める。
　あとでまとめてなどとは思わないように。そんなことをすると、相手はなぜあのときちゃんと聞いてくれなかったんだろうと、あ

なたの交渉力やコミュニケーション力に対して不信感をつのらせるのみならず、時間やエネルギーの上からも無駄となる。

そして、忘れてはならないことは、分からないことを分からないと言ったり、ゆっくり喋ってくれと依頼したりするのは、聞き手であるあなた自身の責任で、自ら進んで行動を起こさない限り、誰も手伝ってはくれないということだ。

── *相手に指さされてもたじろぐな*

次に大切なことは、どうやって会話全体をコントロールしてゆくかということである。

ここに紹介したように、アメリカ側はどんどん会話に割り込んでくるし、対立した意見でも堂々と論じてくる。

こうした状況のなかで、自らの言いたいことを最後まで相手に伝えるのは確かに骨の折れる仕事である。

特に、アメリカ人は、話の主題から会話がそれても、それが自分にとって興味のある内容であれば、どんどんその方向に話を進めていったりする。これを正しい方向に修正するのは、その話題を提供している本人の責任だ。

先走りしたり、主題とは関係のないような質問を受けたりした場合、「最後まで聞いてくれれば分かるものを」と思ってため息をつく人もいるかもしれない。もし、そこでその問いに答えることによって、自分のスピーチの論理の展開に影響が出ると思ったならば、「そのことにはあとで触れますから待ってください」と言えばよい。

状況をコントロールしなければならないのは、話者であるあなたの責任なのだ。
　特に大変なのは、議論が白熱してきたときのことだ。アメリカ人は自分の意見を強く主張したいときには、次のような行動に出る傾向がある。

1）相手の会話を途中で止め、自分の意見を表明しはじめる。
2）特に相手の意見に反対で、自分の論理を主張したい場合は、相手より大きな声で主張する。
3）いきなり唐突に、「Why? なぜ」と切り返してくる。
4）相手をじっと見つめ、大きなジェスチャーを使いながらものを言ったりする。

　もちろん、こうした態度は日本人からしてみれば大きなプレッシャーだ。日本人としては、アメリカ側も日本人と仕事をするわけだから、少しはこちらのやり方も分かってもらいたいと思うはずだ。
　しかし、これは喧嘩両成敗といきたいものだ。すでに紹介した弱いアイコンタクトや曖昧な笑みなどによって、日本人もアメリカ人を同じように悩ませているのだから。
　実際、もしアメリカ人があなたの会話を途中で遮って、あなたに対して、大きな声で自分の意見を言い出すと、これは喧嘩でも売られたのかと誤解するだろう。しかし、実際は、彼らはただ率直に自分の思っていること、考えていることを表明しているだけで、それ以外の意図はなく、まして敵愾心などは微塵もない。

したがって、こうした状況に対応するためには、自分も相手に負けずに大きなジェスチャーと大きな声で対応することができればよいのだが、なかなかそうもいかないはずだ。

　むしろ、こうした状況では、相手の言うことをじっくりと聞いて、それにどう対応するか考えた方がよい。相手の意見を聞いて、それに反対ならば、その場でできるだけ切り返す。あとで討議したければ、あなたの指摘については私のスピーチのあとで討議したいと言えばよい。また、自分の英語力ではとても対応できないと思った場合は、「ちょっと待ってくれ、英語で論旨を組み立てたいから時間をくれ」と言って休憩をとるのもよい。

　ともかく、大切なことは、相手にその場でちゃんと反応し、対応してゆくことだ。

　取りあえず曖昧な返事だけをしておいて、あとで人を介して調整しようとしたり、または時間を稼いで相手に諦めてもらおうなどと思ったりすることは、極めてまずいやり方で、結果は逆効果となってしまう。

── ファシリテーターを置いてみよう

　こうした場合の理想的な対策は、日本側とアメリカ側との双方の事情を理解し、かつ会議の内容にもかかわることのできる人を、ファシリテーター facilitatorとして採用することだ。ファシリテーターとは、議長の役割に加えて、そこで討議される内容を、会議の目的に向かって整理し、導き、かつ会議が成功するように全体をオーガナイズしてゆく人のことを指す。

ファシリテーターには年齢、役職に関係なく、その討議内容に適した人を選ぶ。そしてその人は、できるだけ中立に双方の意見を引き出し、上下関係での遠慮を払拭し、必要ならば分科会を開いたり、特別なプレゼンテーションをお願いしたりといった指示をして、会議全体を前向きに進行させる。

　特に、日米間での討議の場合、どちらかというと黙りがちになる日本人にスピーチの機会を与えたり、英語で必死に説明を行っている日本側の意見をまとめて確認したりといった作業ができる人物が望ましい。

　ファシリテーターは何も会社のなかの人間である必要もない。

　むしろ、日米でのコミュニケーションやビジネス文化の違いを理解して、交通整理のできる中立な立場の人を、社外で人選することも考えたい。

　実際、アメリカでの企業コンサルタントの大きな役割の一つが、そうした調整や議事進行を扶助することなのである。日本では、とかく社外の人間は「外」の人間として排除される。しかも、一種の徒弟制度にも似た上下関係のなかでビジネスのノウハウを構築してきた世代から見れば、「外」の人間がちょっとかじっただけでわれわれの仕事のことを分かるはずがないと思うかもしれない。

　また、例えば外部のコンサルタントなんてお金が欲しくてやっているわけで、われわれの貴重な情報が彼らによって外に流れてしまうかもしれないという反応もあるだろう。

　しかし、アメリカには現に数え切れないほどのそうした外部の専門家がいて、その企業のために働いている。しかも、彼らはさまざまな企業でサービスを提供し、時にはお互いに競合相手となっ

ている会社を同時に顧客にもっている人材も少なくない。

実は、アメリカ人にとってコンサルタントなどに代表される外部の専門家とは、医者や弁護士と同じようなものなのだ。彼らは顧客の依頼事項への守秘義務を厳守し、自らの知識と経験を顧客に提供する。

企業側から見ると、中立な立場から、客観的な提言が得られる上に、そうした専門家は距離を置いて企業を診断してくれるわけだから、彼らからより現実的で冷静な意見を得ることが可能になる。

企業が国際的にも自らの門戸を開いて、広く知識を外部に求め、アウトソースすることによって、企業内部の人件費を抑えたり、危機管理を事前に行って問題の発生を防いだりといったケースは数え切れない。

今後、さらに企業活動が世界に向けて拡大し、未知のビジネス文化との交流が盛んになる場合、こうした人々の活用方法を日本企業ももっと真剣に考えていかなければならないことはいうまでもないことであろう。

いずれにせよ、こうした外部の専門家などにファシリテーターの役割を依頼し、企業内での国際会議や海外の顧客との意見調整を進める機会が、今後どんどん増えてこなければ、逆に企業活動が国内のビジネス文化だけに萎縮した、偏狭なものになりかねないということをここで再度強調しておきたい。

また、単に外部の専門家というよりも、日本企業は未だに社外取締役の導入を国内の人材のみに頼っている傾向がある。より異文化での柔軟な企業力を育成するためには、この取り締まりの導

入をグローバルな視点で行う組織作りが今後必要不可欠になってくるはずだ。

── プロアクティブはごく当たり前の行為

次に海外とビジネスをし、コミュニケーションを行う個人に特に意識していただきたいのが、プロアクティブproactiveという概念だ。

プロアクティブとは、自らすすんで情報源や交渉相手にアプローチをして、必要な情報や援助などを得る行為のことで、ビジネスにおいて他力ではなく自力で問題を解決し、前に進んでゆく心構えのことを指している。

このように書くと、プロアクティブとは、ビジネスを成功に導くためのごく当たり前の行為のように思えるが、実は日本人はこうした行為が大変苦手だ。

というのも、日本では協調性をもって、他人と共同して問題解決にあたり、かつ他の人や組織の立場や意識、そして置かれている状況を考えながら物事を前進させてゆく。また、これは私の責任で、あれはあなたの責任というよりは、そこに問題があるならば、皆でそれに取り組み解決に導くことがよしとされる。

こうしたグループ活動を第一とする組織では、自分も人に援助を行うが、人も自分に援助をする。また、人間関係の基準がもちつもたれつで、場合によっては責任領域も明解ではない。また、自らが自分の専門とする領域のスペシャリストとなるのではなく、会社そのもののスペシャリスト、すなわち会社人間となることが

仕事のなかで重視される。したがって、情報はグループのなかにごく自然にあるもの、そして常に共有されるものという観念を多くの人がもっている。

ところが、アメリカをはじめとした西欧の場合は事情が違う。

アメリカでは人は専門家としての力量を買われ、会社と契約する形で就職する。その人の能力がその会社で十分に発揮できないか、あるいは評価されない場合は、別の会社に転職し、さらに可能性を追求すればよい。

こうした社会では、会社そのもののスペシャリストではなく、自らの専門領域でのスペシャリストが活躍し、その人は自分とは関係のない業務に対してはあえて関わらない。そうしたことは他のスペシャリストの業務であって、その領域に手を出すことは、その人の職域を侵し、かつその人のスペシャリストとしての能力を軽視する行動として糾弾される。

したがって、アメリカなどでは個人が個人のレベルで動き、自らに必要な情報や援助は自らの自発的な行為によって獲得する。

情報は自然にそこにあるものでもグループで共有されているものでもなく、自らがプロアクティブに動いて獲得するものである。

そして、必要ならば、自らがコーディネーターになって、他とのチームワーク作りを行い、調整を行う。

常に自己が核となって行動し、自己の責任で他人に頻繁に接触をしなければ、物事は前に進まないし、他の人もかまってはくれないのである。

こうした行動様式をプロアクティブと呼ぶのだが、欧米のプロアクティブな社会に慣れていない日本人がアメリカ人などと一緒

に仕事をしていると、相手から情報がうまくとれず、いつの間にか置いてきぼりをくったり、相手の仕事と自らの業務とを噛み合わせることがなかなかできなかったりというリスクを背負う。

すなわち、プロアクティブな社会は、日本のようにグループ活動に慣れた人には煩わしく、時には不可解にも思える余分な行動を多く含む。

どこにも情報の核はなく、自らが行動しない限り情報源には到達しない。また、他の人はその人の責任領域のなかで動いていて、日本流に気を遣って、こちらに援助の手を差しのべてくれたりはしない。援助が必要な場合も、自らが明解な理由をもって相手を説得しなければ相手もなかなか同意してくれない。

だから、日本人はアメリカ人から情報がとれず、アメリカ人は自分のことしか考えていないと誤解し文句を言うのである。

これからは、外国人と交流するときは、分からない箇所があれば、自ら進んで相手の話を中断してそれをチェックするのと同じように、必要となれば相手に自分の方から積極的に働きかけてゆくように心がけたい。

じっと座っていて相手の行為を期待し、何も起こらずに失望するのは愚の骨頂というわけだ。

―― インタラクティブであることは、企業内の民主化の第一歩

以上のように、会話上での小さなテクニックから、ファシリテーターの設置、プロアクティブな行動様式まで、アメリカ人とイン

タラクティブに打ち合わせを行ってゆくには様々な方法がある。

インタラクティブにアメリカ人と会話をするということは、取りも直さず、アメリカ人と対等に話をするということを意味している。単にアメリカ人とだけではなく、どこの国の人と会話をする時でも、それが異文化環境である場合、多かれ少なかれそうした対応が望まれることは言うまでもない。

しかし、ここで問題になるのは、こうした環境設定を、日本企業の内部構造そのものが阻んでいるということだ。

よく議論されているように、日本の大企業の多くが長大化し、硬直化した自らの構造に悩んでおり、多くの人々がこうした構造疲労を治癒する妙薬をあちこちで模索している。

すなわち、日本企業の内部でのコミュニケーションがインタラクティブでないために、企業としての発想がマンネリ化し、従業員が疲弊し、その結果海外でのプレゼンス自体が低下してきているのである。

海外とインタラクティブに仕事をするということは、ミクロで見れば、ここに記した様々な対策を実施していくような社員教育を行い、社員の意識を活性化することであろう。

そして、マクロで見るならば、それは企業内の民主化を進め、意志決定のプロセスを簡略化し、海外からの要望の処理や海外との交流といった活動に、自らの行動を噛ませてゆくよう、企業内を変革してゆくことを意味している。

自らがインタラクティブでない企業は、グローバル経済においてもインタラクティブになれないことは自明の理で、こうした企業は遠からず競争に敗れ、世界市場から後退するであろう。

目下、世界中の国際企業が、ドメスティック、すなわち国内の企業文化と海外での企業文化とをいかに調整し、グローバルな企業文化を創造してゆくかということに必死に取り組んでいる。

　あるアメリカの企業では、こうした問題を発展的に解決してゆくために、年に２度世界各地のマネージャー（現地採用のマネージャー）を１ヵ所に集め、いわゆるトランスナショナル・マネージャー・ミーティングを開催し、そこで実際にコンサルタントがファシリテーターとなって、現地の企業文化の長所をいかに本社の企業文化と結合させ、融合させてゆくかというテーマでのコンベンションを開催している。

　また、アメリカに本社のある別の企業では、日本での合弁事業のなかで、日本から優秀な人材を選び、その人を日本でもアメリカでもない第三国の現地法人の総責任者に任命し、アジア地域と日本、そしてアメリカとのまさにインタラクティブな人事交流に取り組んでいる。

　もう一つの例をあげるなら、アメリカに進出した日本企業のなかで、日本人とアメリカ人とが効率よく業務を行うための２日間の集中セミナーを、日米双方の社員に向けて年に12回以上数年間にわたって開催し、支社内でのコミュニケーションの改善に取り組んでいるところもある。

　これらの企業は一時の不況を乗り越え、現在では世界のマーケットに根を張ってたくましい成長を遂げている。こうした動きに乗り遅れないようにしたいものだ。

　反面、懸念すべきケースも多くの日本企業に見受けられる。『トライブズ』などの著書で知られるジョエル・コトキン氏によれば、

日本企業の海外支社などで現地人が管理職に昇進するのにかかる年月は、平均すれば欧米の国々の3倍以上とのこと。

そして、そうした現実を裏付けるように、最近アメリカなどでは日本企業を相手にした人事問題に関する訴訟が目立っている。

実際、私がアメリカに進出する日系企業に勤める日本人駐在員150人に対して行ったアンケートでは、約75パーセントの人が、自分の部署で働くアメリカ人の部下は満足のいく仕事をしておらず、マネージャーに昇進させるには不安があると答えている。

ところが、こうした日系企業では、アメリカ人も同じように日本人マネージャーを否定的に評価している。

もし、日本人駐在員の人々の言っていることが正しければ、世界におけるアメリカの企業力はどんどん低下していっているはずであろうが、結果は逆である。明らかに、日系企業のなかでは、アメリカ人がモチベーションをもてない理由があるのである。

多くの日系企業では、常に重要な決裁を日本人だけが行い、日本人だけで本社の情報を共有している。また、日本の価値観を十分な説明もなしに海外に押し付け、現地人にとって働きやすい職場環境を創造していないケースも多い。

こうした問題を解決するためには、まず企業内の民主化に取り組む必要がある。社員の能力を最大限合理的に引き出し、日本人だけではなく、世界中の社員が健全に競争し、実績を上げてゆけるような企業構造を作ってゆかなければならない。

そのためにもっとも現実的な方法が、ここで強調したインタラクティブなコミュニケーションの場を創造し、世界中の人材をどんどん本社のなかにも導入してゆくことであろう。

特に、現場で実際に業務を行っている担当者が、ブレインストーミングの形で自らの意見を自由に会議の場などで表明できる環境を設定し、それをより経験の豊富な人材が検討し、迅速にアップグレードしてゆくような企業環境の設定が、いま日本企業に求められている緊急の課題の一つであろう。

　国内でも海外でも、そうした新たなコミュニケーション・ルールを創造できる企業が、短期間で企業能力を最大限に発揮できる企業に成長できる。

　第一歩は、こうした環境を自らの部署に創造してみよう。すべての人材が積極的にブレインストーミングを行い、上下年齢差なく意見を交換する場を作ってみたいものだ。

第4章
アメリカ流スピーチ術とは

── まずはリーダーこそが
スピーチの勉強を

　アメリカをはじめとする海外の人々と交流し、よりよい職場環境を創造する基本的なテクニックとして次に知っておかなければならないことは、いかに自らの意見を相手に効果的にPRするかというテクニックだ。

　これまでは、まずアイコンタクトやジェスチャーなどの非言語分野でのコミュニケーション・スタイルにはじまって、より外国人に信頼される話の聞き方、会議のあり方などについて説明してきた。

しかし、そうした会議などで、自己をしっかりとプレゼンテーションできなければ、自己のメッセージを伝え、相手から賛同を引き出すことは難しい。

　特に、グローバルでダイナミックなビジネス環境では、効果的なプレゼンテーションができない人物は単純に無視されてしまうか、あるいは大きな誤解を相手に与えてしまう。

　実は、業界でも、政界でも、いわゆる日本でリーダーといわれる人々の国際感覚に見合わないお粗末なスピーチが世界で誤解を与えている現実を知っている人は少ないはずだ。実は、その報道を担っているマスコミ自体が、この異文化が引き起こす摩擦や誤解のメカニズムに対して、あまりにも無知で、表面上の英語にのみ頼った報道をしているため、日本人にその危機感が伝わらないのである。

　相手は日本人ではなく外国人だという、あるいはここは日本ではない異なったコミュニケーション・スタイルを常識としている国なのだという単純な事実を把握したら、もう少ししっかりと対策を立てて、まともなスピーチを行えるのではと思うのだが、その基本的なレベルに至っていない人が多くいることは大変残念なことである。

　これでは、何か問題が発生したときに、マスコミの前で説明をするなどということはおろか、日常の業務のなかでも外国人と無用な摩擦を起こしかねない。

　そこで、まず理解して欲しいことは、いったい日本人はどのような常識に基づいて、相手に話をしているかということだ。

—— 起承転結は極東だけの常識、英語で話してもワークしない

日本人が一般的によしとする論法に、起承転結法がある。

最初に事の起こりや背景を説明し、次にそれをサポートし話を発展させ、さらに例示やその論旨への反論などを紹介し、最後に結論を述べて話を終える。

この方法では、聞き手は話し手が話を終えるまでじっくりと耳を傾けていないと、その人が何を言いたいのか理解できない。

これに対し、欧米での論旨の展開の方法は、まず結論を最初に述べる。結論を述べたあと、その理由を語り、さらに例示などをして、最終的にその結論の確認とそこからさらに発展したまとめを行うのが通例だ。

この方法に慣れている欧米の人は、日本流の起承転結のメカニズムが分からない。なぜ理解できないのか。

ここに、一つの簡単な文章を紹介する。

「今年は大統領選挙の年である。大統領選挙の年にはよく貿易摩擦が問題になる。

すでにわれわれの競合相手のアメリカのB社では、自社の製品がアメリカ製だというキャンペーンを開始している。したがって、われわれも今後、われわれのアメリカ工場がいかに地元の経済に貢献し、アメリカの雇用促進に役立っているか積極的にPRを行う必要がある」

これは起承転結でまとめられた典型的な文章だ。日本人なら誰でも簡単に理解できる、実に明解な文章ではないかと思う。
　ところが、この文章の冒頭に注目してほしい。「今年は大統領選挙の年である」という冒頭の文章だけを取り上げてみると、そこには結論と結び付くヒントは何もないことに気付くはずだ。すなわち、「今年は大統領選挙の年である」という文章からはいくらでも別の結論が導き出せる。別の例を示せば、

　　「今年は大統領選挙の年である。大統領選挙では民主党と共和党が激しい政策論争を繰り広げる。現に、最近アメリカでは、ドナルド・トランプという共和党の台風の目とも言える人物が現れて、民主党の候補を激しく攻撃している。こうしたことから、今年はアメリカの政治や経済についてマスコミを通して勉強できるまたとない機会といえそうだ」

　すなわち、同じ「起」の部分からは様々な異なる話題へとスピーチが変化してゆく可能性があるわけで、この起承転結の「起」の部分を聞いたとき、そこからなんら結論らしきものが見えてこないのだ。
　従って、起承転結法という論理展開の常識を知らない外国人の多くは、きょとんとして「いったいこの人は何が言いたいのだろうか」と思うのである。
　そして次にやってくるのが「承」の部分。すなわち、「起」をサポートする部分となるものだから、ますます結論が見えなくなり、人々が混乱する。

極めつけは「転」である。そこまで、なんとか我慢して聞いていた外国人の多くが、ここに至ってまったく別の話題を持ち出されるものだから、スピーチ全体の構成がいよいよつかめなくなり、五里霧中の状態となってしまう。

　この段階で、多くの外国人は聞くことを諦めてしまう。また、それが長いスピーチであった場合は、退屈してしまうか、あるいは論旨を明解に理解するために、彼らの作法に従って話者の会話を止め、「だから何が言いたいのですか」とチェックを行う。

　会話を止められると、日本人は混乱して、最悪の場合はまた初めから話をやり直すのだ。

　これではどうにもらちが明かない。

　恐ろしいことだが、私がアメリカ人に日本人との交渉術についてのトレーニングを行うときに、わざと起承転結法で5分間のスピーチを行って、参加者にどのように理解できたかを尋ねてみたところ、なんと7割が話のポイントを取り違えていた。

　すなわち、日本人が起承転結法にそって多少込み入った、あるいは高度な内容のプレゼンテーション、あるいはマスコミへの対応を行った場合、70パーセントの確率で情報が正しく伝わらない可能性があるのである。

── *結論が見えてこない日本人のプレゼンテーション*

　これは、日本の常識が海外では常識でないということを示す最も端的な例といえよう。

日本の海外での活動のなかで、もっとも遅れている部分が自己PRであるとよく言われている。確かに、それは事実で、こうした伝統的な起承転結法に加えて、すでに紹介した非言語部分でのコミュニケーションなどを加味すると、日本人の主張したいことの半分も相手が分かってくれれば、まだよい方だと思った方がよい。

　ポイントは英語ができても、こうした論理展開のテクニック等、すなわち言語以外のコミュニケーション術を分かっていなければ、海外と交渉し、海外の人にうまくPRを行えないということだ。

　冒頭に述べたように、会社の顔となるべき人物や、官僚など、海外とインタラクティブに活動する機会の多い人は、特にこうしたことに注意していただきたい。

　以前、ある製鉄会社がアメリカの製鉄会社と合弁事業を行うことになり、日米双方の関係者が集まって、日本でのマーケティングの方法についての打ち合わせをしたことがある。そのなかで、日本側の技術部長が日本のシステムについて約45分間スピーチを行った。

　そこに、私の知人のアメリカ人が同席していたのだが、彼に言わせれば、技術部長の英語は大変流暢だったとのこと。しかし、問題はこの起承転結法で話をしたために、途中からアメリカ人は明らかに困惑し、退屈し、ついには退席する人まで出る始末。

　そうした状況を察知した技術部長はますます緊張するものだから、アイコンタクトやジェスチャーもなくなり、結果は最悪。ほとんどの人が彼の意図することを理解しなかったんじゃないかと彼は語っていた。

　あるアメリカ人のジャーナリストは「問題は、英語ではなくて、

英語の組み立て方、そしてそれに付随する非言語の部分です。私はよく日本人の外交官の話を聞くのですが、彼らは特にそれが問題なのです。もちろん、皆英語はよくできますよ。でも、喋り方がアメリカ人から見れば積極的ではなく、フレンドリーでもない。しかも、論旨の組み立てが曖昧でポイントがつかみにくいのです。これでは、外交交渉もなかなかはかどらないなと思いましたよ」とコメントする。

　第2章で紹介したクリフォード・クラーク氏は、この問題について、「日本人のプレゼンテーションはアメリカ人から見ると、ちょうどカタツムリの形のような螺旋状のプレゼンテーションなのです。アメリカ人から見ると、ぐるぐると論旨が回転するばかりで、

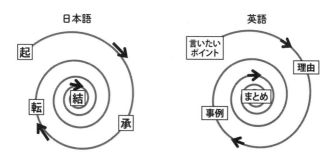

日本語と異なり、欧米には起承転結というレトリックは存在しない。英語で話すときは、まず言いたいポイントを話し、その理由（because）、そしてそれをサポートする事例（example）を語り、最後に再び結論（conclusion）をまとめるという流れでスピーチを進めよう。

結論らしきものが一向に見えてこない。だから、アメリカ人はその螺旋の輪のなかに割り込んで、ポイントを確認し、自分の意見を添えて論旨を明解にしようとするんです。それを日本人は、なんで彼らは話を最後まで聞かずに自分の意見を押し付けるのだというふうにとらえてしまうわけで、そこに双方の基本的な誤解が生まれてしまうんです」と解説する。

ここでも指摘したいのは、日本の英語教育のあり方だ。

こうしたテクニックこそが英語教育でもっとも必要とされるテクニックのはずなのだが、もちろん、誰もそれを教えない。まず、教えることのできる人材が少ないのと、教科書をつくる側の学者やその基準を設定する国そのものにそうしたノウハウがない。したがって、当然そうした教育を受けてきた日本人のいわゆるエリートは、外に出て人に自らの意図をまともに伝えられなくなる。

これが、今問題となっている英語教育改革の大きな課題である。

発信型英語、コミュニケーションのできる英語教育をと官民ともに試行錯誤を繰り返しているが、要はこうした異文化での人とのやり取りを教えるノウハウをまず磨かなければならないのだ。

コミュニケーションとは、単に人と人とが言語としてメッセージを伝え合い、英語が通じるようにすることではないのである。その人の味が出て、その人の心が伝わって、そしてその人の誠意が感じとれて、初めてコミュニケーションは完了するのである。

すなわち、言語そのものに加えて、非言語での情報が心地よく伝達されなければ、人と話はできないのである。

起承転結法からくる誤解に加えて、そこの部分をもっと本気で考えて教育制度を考え直さないと、今に大変なことになってしまう。

英語でのプレゼンテーションのノウハウ

1. 説得の順序

日本の場合、起承転結法に従って、背景を説明し、結論を導く方法が一般的です。それに反して、アメリカでは常にポイントを先に強調したスピーチを行います。

英語でのプレゼンテーションの基本フローは次の通りです。

1	最も言いたいこと	メインポイント Main point	*My point is…*
2	そのポイントをサポートする理由	ラショナール Rationale	*The reason is…*
3	それについての具体例や統計資料	サポーティングデータ Supporting Data	*For example…*
4	結論：言いたいことを強調	コンクルージョン Conclusion	*So, my conclusion is…*

最後はぜひ、積極的なアクションプラン Action plan も添えたいものです。

［アメリカ人が日本人のスピーチを聞いたときに起こりがちな問題点］
・言いたいことが何なのか見えてこず、苛立ってくる。
・早く結論を知りたくて、スピーチの中に割り込んでくる。
・退屈して重要なポイントを見落としてしまう。
・スピーカーが自信のない、能力のない人、リーダーとしての資質を備えていない人だと評価してしまう。

2. アイコンタクトと豊かな表情

　説得の順序に加えて、豊かな表情と適切なジェスチャーを加えて話をすることが大切です。常に聞き手の方を見て、相手の目を見ながら、話をするように心がけましょう。

　話をするときの、日本人とアメリカ人の無意識のアサンプションassumption（思い込み）の違いとしてあげられるのが、アイコンタクトの強さです。

　アメリカ人は日本人に比べ強いアイコンタクトを好み、アイコンタクトが弱いと、その人に対して、自信や能力がない、劣等感がある、あるいは何かを隠しているという無意識のアサンプションを生んでしまいます。

3. 実践：スキル・デベロップメント

　次の文章をメイン・ポイントとしてプレゼンテーションを行ってみましょう。

My point is that apples are good for your health.

　下線に入る文章を考え、前に立って実践してみましょう。そのときに、まずグリーティング、そしておわりに質問を受け付けてみましょう。

　また、プレゼンテーションの途中で聴衆に割り込まれたときの対策も考えてみましょう。

The reason is _____.

For example _____.

So, my conclusion is _____.

── バックグラウンドからはじめるなかれ

　次に大切なことに、バックグラウンドから話をすることを差し控えるようにすることだ。

　日本人は歴史が好きだ。それは単に日本や世界の歴史にとどまらず、個人や会社の背景にはじまって、日本人はさまざまなバックグラウンドを語るのが好きな国民だ。

　そもそも、日本人は背景が分かって初めて安心する。

　あの人はどこの大学の出身で、どこの会社に勤めていたからといった背景が分かると、人事部も安心してその人を採用したりする。確かに日本国内だけで見た場合は、そうしたプロセスはある程度便利なプロセスと言えなくもないが、それでも「どうしてその人の現在の実力で物事を推し量れないのか」という議論は成り立つはずだ。

　会話の場合も同様で、起承転結の「起」の部分で、まず物事の背景をじっくりと説明しようとする人が日本人には多いのだ。

　会社の記念式典などで、「40年前に当社が設立されましたころは、まだ従業員はたったの20人という状況で、誰もが夜昼関係なく仕事に追われていたものでした」などという出だしでスピーチをする経営者も多いはずだ。

　このバックグラウンドを長々と「起」で語ることが、相手を混乱させる大きな原因となる。単純に、こうしたバックグランウドはむしろあとに回して、まず結論から話を進めてゆく方法を考えたい。

一般的に、世界には過去に重きを置く文化と、現在を重視する文化、さらには未来指向の文化があるようだ。

　もちろん、すべての人は過去と現在、そして未来を共に考えるが、そのどちらに重点を置くかとなると、国によって民族によって様々な違いがあるのである。

　日本の場合、現在から過去を見る線が太く、その2つを併せて未来へ向けて物事を考える。逆にアメリカ人の場合は現在から未来への線が太く、その背景を語る材料の一つとして過去をもち出してくる。

　すでに紹介したように、移民社会を基盤とするアメリカでは、無一文の状態でやってきた移民がそこから何を成し遂げるかということが常に重要な課題であった。

　そのため現在がどうであって、そこから未来をどのように築いてゆくかという基準にのっとって彼らは物事を考える。

　こうした意識をもつ人々が、日本人の話を聞いて、膨大なバックグランドばかりが見えてきた場合、「**So what?** だからなんなんだい」ということになる。思い切って結論から切り出すことの重要性はこうしたことからも強調できる。

　このことは、ビジネスの交渉では特に大切だ。日本側はえてして過去の細かい事柄にこだわり、それに関するレポートなどを要求してくるが、アメリカ側はアメリカ側で、むしろどんどん先へと事を進めたがる。これが両者のすれ違いとなることもかなりある。

── 曖昧の美学を絶対に捨てるべし

　次に、もっとも大切なこととして、相手に話をするときに、曖昧の美学を捨てることを強調したい。

　以前エドワード・ホールという文化人類学者が面白い調査を行った。

　それによると、日本人は外国人に比べて極めて言外でのコミュニケーション量が多く、会話の上でも相手の「行間」の意味を読むことによって相手の意図を理解し合える国民性を備えているとのこと。

　日本よりもさらにその傾向が強い国としてはベトナムやインドネシアなどの東南アジアの国々があげられている。

　それに対してアメリカはその逆で、特にビジネス上のコミュニケーションでは、使われている言語そのものに頼っている率が圧倒的に高く、スカンジナビアの国々ではさらにその率が高くなっている。

　それがどのような背景によるものか、国別に理由をあげるのは結構大変な作業だろうが、少なくとも日本とアメリカとの間の違いについては説明ができそうな気がする。

　なんといっても日本は国土の狭い島国だ。そんな島の中で長い年月にわたって日本人だけでコミュニケーションを行ってきた民族だ。だからあたかも家族同士で話をするように、曖昧な表現でも相手にメッセージが伝わるのだろう。

　それに反して、アメリカでは見も知らない移民が集まっている

わけだから、当然言葉をより明快に伝え、しっかりと自らが発言した意味や理由を説明しない限り、「あうんの呼吸」では意思疎通は難しいというわけだ。

日本人は英語を使用するときでも、日本語の発想に従って、それを使用する。言外の意味や行間の意味を一つの言葉の雰囲気に込めて、あえて饒舌に説明をせずに相手にメッセージを伝達しようとする点である。

そして、その傾向が強ければ強いほど、アメリカなど言語に頼ってコミュニケーションをしている人たちには、メッセージが伝わっていないということになる。

よく、いかに日本人の「ノー」を察知するかということが、日本と交流する海外のビジネス関係者の間で話題になる。

日本人は「ノー」でも「イエス」と言うと、いつかクリントン元大統領が話したことがアメリカで話題になったことがあるが、このことは、まさに日本側の行間の意味がアメリカに通じていないことを物語る一例である。

曖昧に表現することの美学をともかく捨て去って、相手に対することが何よりも大切だ。

── ビコーズのあとをしっかりと述べよ

だから、まずはイエスとノーとを明解に表明することから始めよう。

メイビー（多分）と言って、実はノーを表現しようとしていたり、何も言わずに渋い顔だけして問題を先送りにしたりしていても、

相手はただ混乱するだけで、日本側の意図は伝わらない。

ポイントとしては、ノーと言ったあとで、なぜノーなのかをちゃんと相手に伝えることだ。そしてノーがどのようにすればイエスとなるのか、それはいつごろなのかなどといった情報をしっかりと説明することが大切だ。

それをせずに、これらすべての意味を込めて「メイビー」と言ったとしても、相手は「メイビー」が意味する通り、それを「多分」としかとらないだろう。「多分」ならば、イエスとなる確率は少なくとも50パーセントはあるわけだから、それならもっと積極的に説得をしようと、日本側にアプローチをかけてくる。

すると日本人は婉曲に断っているのに、なんであんなにうるさいんだろうと思ってしまうというわけだ。

では、同様に相手にノーと言おうとして「I think it is difficult. 難しいと思います」と答えたらどうだろう。曖昧な表情をしてそう言えば、相手は「難しいのか。なるほど。それではどのようにすれば可能になるんだろう」と解釈し、同じように日本側にさらに検討を要請してくるはずだ。

なんでもそうなのだが、往々にして日本人のスピーチにはビコーズ(なぜなら)という接続詞に続く説明が欠如している。ビコーズのあとにくる部分を十分すぎるぐらい完璧に伝えて初めて、こちらの意図が相手に伝わるようになるというものだ。

悪い例としては、ビコーズのあとで、「これは無理ですよ。なぜなら日本のマーケットは違うんです」とだけ言って話を終えてしまうことだ。

この場合、なぜ日本のマーケットは違うのかという部分が明解

でない。

　日本のマーケットのどこがどのように違って、それに対してどう対応すればよいのかという部分が説明されて、初めてビコーズ以降の文章は完結したことになる。

　仮に英語にハンディがあったとしても、これだけは最低限守るように、前もって準備をするか、あるいは時間をかけてでも説明するよう努力したいものだ。

　また、論旨を明解に伝える場合、例示ができるだけ多くあった方がよい。

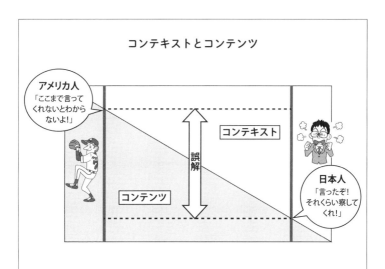

特に英語の苦手な人は、理由を複雑な英語で述べる代わりに、自らの言いたいことを象徴する例を取りあげた方が、うまく説明できるというわけだ。

具体的でかつ要点を絞り込み、論理的に展開すること。これが、国際舞台でのスピーチの基本となる。日本人は「一を聞いて十を知る」ということわざに代表されるように、あまり人にはっきりとものを言いすぎることを嫌う傾向がある。そんなことをすれば、あたかも子供に物事を言い聞かせているみたいで、相手に失礼だと思っているのだろう。

しかし、これも日本人の間だけの常識で、十言いたいのなら十までを理路整然と説明することが外国人への誠意であることを忘れないでほしい。ノーとはっきり言われた方が、曖昧なまま放置されておくよりもはるかに親切なことなのだ。

なお、この明解な表現の方法については、第6章をぜひ参照していただきたい。

── 宮沢元首相はなぜ「恥ずかしい」の!?

こうした理路整然とした説明を、海外に向けて責任をもって行う立場にある人の代表といえば、恐らく内閣総理大臣であろう。

歴代の総理大臣のうち、英語が堪能ということで日本で評判だったのは、故大平氏と故宮沢氏ではないかと思う。

1993年春、宮沢氏は低迷する景気と55年体制崩壊寸前の混乱に頭を抱えながら訪米した。この時、全米三大ネットワークの一つABCが、宮沢氏を、当時のニュース解説番組として有名なデイ

ビット・ブリンクリー・ショーにゲストとして招き、彼へのインタビューを行った。

インタビューを行ったのは、ホスト役のデイビット・ブリンクリーに加え、ABCのコキー・ロバーツとニューズウィークのジョージ・ウィルといったこの番組の常連たち。まさに全米の視聴者が日本の首相の発言に注目していた。

実際、国土が広く、統一したメッセージが伝わりにくいアメリカにあって、このデイビット・ブリンクリー・ショーのような日曜日のお茶の間にメッセージを送る番組の果たす役割は大変大きい。

ここで起きたことは、すでに20年以上前のことで、宮沢元首相もすでに他界している。しかし、これから紹介するテレビ番組でのやり取りは、日本人が、特に英語を話せる日本人が陥りがちな典型的な事例といえる。従って、このやり取りを過去のことではなく、現在の日本人への戒めとして、あえてここに紹介したい。

番組では、コキー・ロバーツが、当時まだくすぶっていた日本の市場開放、そして貿易摩擦の問題を取りあげた。

ここに、その番組での「現在の日米の貿易摩擦の問題についてどうお考えですか。日本とアメリカのどちらに問題があるのでしょうか」という質問のあとの宮沢氏の答弁を、そのまま引用してみたい。

> I know your argument, Mrs. Robert ── Miss. Roberts. First, it's bad. I think definitely we are ── I myself, embarrassed as your government, your president. We are all this is embarrassing situation.

第4章 アメリカ流スピーチ術とは

これをそのまま翻訳してみると、「ご質問の意味は分かります。ロバート夫人——いやミス・ロバーツ。まず、最初にこれはよくないことですね。私は、われわれは、いや私自身アメリカの政府、大統領と同じく申し訳ないことだと思っています。まったくもって、これは誰にとっても恥ずかしいことなのです」

　この人はいったい何が言いたいのかと視聴者は思ったに違いない。

　ここまで私がお話してきた知識を総動員して、この宮沢氏の回答を分析してみたい。

1）インタビュアーのコキー・ロバーツはアメリカでは大変有名な記者である。もちろん首相はインタビューの前に彼女を紹介されているはずだ。それなのに、名前を呼び間違えるどころか、こうした公の場では死語となりつつある「Mrs. ミセス」と「Miss ミス」を使用して名前を言い直している。

　当時からアメリカでは女性の地位の平等という問題に誰もが敏感で、女性だけに使用する「ミセス」や「ミス」という言葉はすべて「Ms ミズ」に置き換え、「Mr. ミスター」と対等に扱おうとしていた。

　特にマスコミ界はその先端を行っており、そこで活躍する女性記者にミセスやミスを使うこと、しかも名前を呼び間違えることは、ゲストが女性に対して保守的で時代遅れな差別意識を持っていると誤解されかねない重大な誤りで、これは単に英語ができないからという理由では済まされないマイナスのイメージを視聴者に与えてしまう。

2）次に、「私自身アメリカの政府、大統領と同じく申し訳ない

ことだと思っています」と答えているが、これでは答えになっていないどころか、首相が何を言いたいのかさっぱりメッセージが伝わってこない。しかも、なぜ「申し訳ない」のだろうか。

英語で「**embarrass**」という単語は「恥ずかしい」とか「何か過ちを犯して狼狽している」ということを表わす単語だ。第一、日本の経済政策を批判しているアメリカ政府からしてみれば、自分たちのやっていることが「恥ずかしい」ことであるはずはなく、日本政府は日本政府で自国の立場を主張しているとするならば、ここで「過ちを犯して狼狽している」と言えば、視聴者は「この人いったい何をしにアメリカにやってきたの」と思ってしまう。しかも、宮沢氏は2度もこの単語を使っている。

3）仮に、もし申し訳ないのなら、いったい何が問題で、どのように解決しようとしているのか。すなわちこの章で触れた「ビコーズ because」以降をしっかり説明しない限り、相手にメッセージは伝わらない。

── *敗者復活戦でも曖昧だった首相答弁*

そこで、ジョージ・ウィルが喰いついた。

But it means we are buying lots of products and goods and service that you make, more than we are selling to you. Why should either side be embarrassed by that? ── unless there is illicit protectionism involved.

第4章 アメリカ流スピーチ術とは

>（でも、われわれは日本から製品やサービスをわれわれが売るより多く買っているんですよ。不公正な保護主義でも介在しているならともかく、なぜそのことで双方が恥ずかしい思いをするんですか）

　ここで注目していただきたいことは、アメリカ側は納得がいかないとほぼ間違いなく「Why? なぜ」と切り返してくるということだ。
　ここでもそうなのだが、ジョージ・ウィルのこの質問は、まさに全米の視聴者が抱いた質問と同じだったはずだ。
　一般のアメリカ人は、最初の宮沢氏の不可解で曖昧な答弁から、宮沢氏、そして彼が代表する日本政府、さらに、そんな政府のある日本という国、そして日本人への不信感を抱いてしまう。
　ただ、「Why? なぜ」と聞かれたということは、宮沢氏にもう一度弁明のチャンスが与えられたことになるわけだから、アメリカ人はまあ「彼は日本人だから英語表現を誤ったのだろう。もうちょっと聞いてみよう」ということになったに違いない。
　さて、宮沢氏としてはビコーズのあとをしっかりと主張すれば名誉挽回なのだが、その答弁を抜粋してみる。

>Year, so that blame perhaps not the right word to me. We saying to the United States is buying from Japan, provided that there is any unfair or irregular transaction, then I think blame perhaps is not the right word, although from economically speaking, this kind of lopsided balance cannot possibly last for――should not perhaps last for many years.

(そうですね。非難するという言葉は正しい言葉だとは思いませんが、確かにアメリカは日本から製品を買っています。おそらく、何か不公正で正常でない方法があったとしても、非難という言葉はおそらく正しい言葉ではないでしょう。経済の上から見ても、こうした不均衡な状態はそんなに長く続かないでしょうし、続けるべきでもないでしょう)

　残念ながら、これも何が言いたいのかよく分からない。文法的なミスはよしとして、そんな問題よりも、相手の質問にこれではまったく答えていない。

　ビコーズの後どころか、聞き方によっては自ら不公正なことがありますよと言っているようにも聞き取れる。

　これは、もしかしたら宮沢首相は外務省かどこかで準備された文章をただ暗記して、ロボットのように喋っているのではと疑いたくもなるような答弁だった。

　しかも、唐突に飛び出した「非難する」という言葉と、最後の「不均衡な状態は長く続かないだろう」という言葉の間に、なんら論理的なつながりがないのもいただけない。

　この答弁の最中、インタビュアーは皆きょとんとしてしまい、その後ほんの短いやり取りだけで番組は次の話題に移ってしまった。

　国益を代表する一国の首相が、海外で英語のハンディがあるからといって、このような応対をしていいのかどうか疑問であるが、善意に解釈すれば、おそらく、宮沢首相はさまざまな背景を説明して、かつ相手の立場を考えて論旨を進めようと、起承転結式の常識に従って、極めて日本的な発想でスピーチをしたのだろう。

　しかし、そうしたメッセージはもちろんアメリカの茶の間には伝わらない。

「なんだこれは。これだから日本人は信用できない。まったく不可解な国民だ」

これが、一般の反応だったはずである。

「そもそも、アメリカのニュースショーに外国の大物が登場した場合、相手の国への敬意などは横において、時には意地悪な質問でその人を追い詰めることもしばしばです。そうした場に出演するには、相当の英語力がなければたちまち揚げ足を取られてしまうので、これは危険ですね。多くの日本人がアメリカ側の口車に乗るかたちで対等に話をしたと勘違いすることもしばしばあるので、気を付けた方がいいでしょう」

これは、このやり取りを見ていたある国連職員のコメントだ。しかし、これは何も外国の指導者に対してだけではない。アメリカのニュースショーはどのようなゲストに対しても概ね手厳しい。

ただ、残念なことは、日本人は他の国に比べても特にこうした場が苦手で、状況をうまくハンドルできないでいる。

しかも、日米貿易摩擦など、日米交渉を進めてゆく最高責任者がこういう状態だということが、どれだけ日本に報道されているだろうか。メディア自体が、こうしたリスクに気づいていないことが、危機感が育まれない理由なのかもしれない。

── 日本人の常識に従って英語を使うことが誤解の原因

さらに別の事例をあげてみよう。

今度は2000年9月に起きたことだ。

その年に、ブリヂストン／ファイアストン社のフォード社の車に装着したタイヤはがれ、重大な交通事故につながった事件があった。それを受けて、同社が同年8月に1440万本という大規模なタイヤのリコールを行ったのである。

　ファイアストン社はタイヤメーカーとして知られているが、日本のブリヂストン社が1983年に同社を買収している。

　この事例も、海外でのリスクマネージメトにおいて、いかに異文化への配慮が大切かを如実に物語っている。

　当時、この事故は車の安全性の上からも注目され、アメリカで大きく報道されたのだ。

　それを受け、同年9月に、アメリカ議会の委員会で、当時同社のCEOであった小野正敏氏をはじめ関係者へのヒアリングがおこなわれた。

　その席上、小野氏は冒頭に次のように発言をした。

> I am 63 years old. And I have never made a public appearance like this before. So I am more than ... a little bit nervous ...
> （私は63歳で、こうした場所に立った経験が一度もないことから、ちょっと緊張しておりますが…）

日本語だけを見るなら、それは問題のない発言にみえる。

　彼は、謙遜の意味も含め、このような控えめな発言からスピーチをはじめたのだろう。

　しかし、この発言の録画をみて、フルブライト日本事務局長、さらに英語国の経済誌『エコノミスト』の日本支社長などを歴任

したデビッド・サターホワイト氏は、緊張 nervous という言葉のリスクについて解説する。

「緊張しているということは、何か重大な事実を隠している証拠なのではと思われてしまう可能性があるんです。アメリカ人は、日本人の発言の言外にある日本流の意図には気づきません。英語で言っている以上、それを言葉通りに捉えるのです。これが、時には大きな誤解につながります」

小野氏が自らの年齢について語っていることも唐突だ。というのも、事故の問題と彼の年齢とは全く関係なく、彼が何歳であろうと、それは意味のないことなのだ。

ただ、私は、正直なところ小野氏に同情している。彼はきっと必死で英語の練習をしたのだろう。であるなら、彼にアドバイスをした人、または原稿を提供した人の責任は重大だ。

さらに、その後、小野氏は

I apologize you and American people,
especially for the family, they have lost their loved one ...

（私はここに皆さんとアメリカの人々、特にこの事件で大切な家族を失った方々に心からお詫びを申し上げます）

と語っている。

これも、日本語で見れば、全く問題のない真摯な対応だ。しかし、ここで気をつけたいことがある。apologize という言葉は、過ちを犯してそれをお詫びするという意味を含んでいて、公聴会などの公の場所でそうした発言をすることは、罪を認めることになり、

大変危険なのだ。

　犠牲者を悼むことは当然のことだろうと反論する人がいるかもしれない。そうであれば、**apologize**ではなく**I am sorry for the family ...**（ご家族に対しては、心から気の毒なことです）、あるいは**I feel sorrow for ...**（…に対して哀悼の意を表します）というような表現の方が適切だ。こうした表現で、自社の非を認めるのではなく、人間として、不幸に対して心を痛めているというニュアンスが伝わるはずだ。

　サターホワイト氏はさらに、こう付け加えた。

「彼はCEOとして全責任をとるというふうにも言っていました。日本的感覚では、トップとして潔い言葉であると思われるでしょう。でも、アメリカでは逆に、これはやはり彼が過ちを認めたんだとしか思われず、法的にみれば、これも極めて危険な表現なのです。こうした場所では、むしろ通訳を通じて発言をした方がよかったのです。小野氏が発言をしているとき、ほとんどは英語の原稿を棒読みしているので、アメリカ人の出席者が明らかに退屈し当惑している様子が、ビデオにも映っていました」

　大切な教訓だ。宮沢元首相のケースも、小野氏のケースにも共通した課題がある。2人とも、英語はちゃんと話している。しかし、その英語が日本人の常識と、コミュニケーション文化に沿って語られ、アメリカ人との異文化環境での誤解のリスクを考えずに語られていることが問題なのだ。しかも、日本のマスコミはその誤解のメカニズムにすら気づかず、ことの重要性を認識していない。だから同じことが繰り返されるのだ。

── 英語ではない。「異文化」なのだ

　似たようなことは、その後も政財界にわたって日米間の様々な場面で起きている。

　記憶に新しいのが、2010年にアクセルの不具合の疑惑問題で、トヨタが大規模なリコールに直面したときの豊田社長の英語での記者会見だ。

> I am a little bit worried about …
> (…についてちょっと心配です)
>
> Please believe me.
> (どうか信じてください)
>
> I am trying do this work as soon as possible.
> (この作業をできるだけ早く行います)
>
> I will do my best.
> (最善を尽くします)

　アメリカ人のジャーナリストの質問に答える80秒のやりとりの中で、こうした発言が豊田氏からあり、それが世界中に報道された。

　この事例も、日本語だけを見ればやはりそれほど問題だとは感じない。しかし、例えば **a little bit** という表現を例にとれば、日本語では「ちょっと心配」といえば「とても心配している」というニュアンスが含まれるが、直訳して英語で **a little bit** といえば、「少しだけ心配している」という風に、つまり「心配しているが、

それは少しだけでさほどではない」と解釈されかねない。

また、問題を指摘されている側が **please believe me** といえば、「何をもって信じればいいのか」という疑念だけを与えてしまう。

さらに、**as soon as possible** という言葉には、重大な問題に直面していながら対応に具体性がない曖昧さが指摘される。

そして、最後に **I will do my best.** というコメント。これは、記者の質問とも噛み合っていなかったのだが、それはさておき、この表現は「最善は尽くすけれど何も約束はできない」という無責任な印象を与えかねない。

これら全ての表現は、日本人がよく使う典型的な事例といえよう。単純にいえば、すべてが曖昧なのだ。

この記者会見の結果、アメリカの世論がトヨタに対して極めて厳しくなったことを考えれば、これが単に英語の問題では済まされないことが、よくわかるはずだ。

ではどうすればいいのだろうか。

要は、日本語で対応しようが、英語で対応しようが、文化背景の違う人が集まる重要な場所での会見やプレゼンテーションの場合、その国のコミュニケーション・スタイル、そして表現方法の常識、価値観を知悉し、日本との違いを指摘できる人からのサポートを常に受けて発言することが肝要なのだ。

注意したいのは、通訳がいれば大丈夫だろうという誤解だ。

通訳はただ右から左に言語を伝えるのが仕事。決して文化の違いを理解しながら解説やアドバイスはしてくれない。それは翻訳も同じことで、文法的にも、語彙の面からも正しい英語で書いたものでも、それが日本人の発想で書かれたものであったり、日本

人の書いたものをただ翻訳したものであったりした場合、もっとも大切な主題すら相手に伝わらないことがある。

今回紹介した宮沢元首相、ファイアストンのCEOであった小野氏、そして豊田社長の事例のみならず、似たような事例は日々起きている。

起承転結法にとらわれず、アメリカ人のロジックに従った説得力のあるスピーチをし、謝らずに、それでいて相手に深刻に考えている真摯さを伝え、しかもリーダーシップをとって責任を全うしようとしている姿勢をちゃんと伝えるなど、こうした異文化環境での発言のノウハウは、英語力の問題ではなく、異文化をうまく処理するセンスの問題だということが、理解していただけたはずである。

そして、そうした理解が薄い場合、逆に英語がうまく話せれば話せるだけ、誤解の溝も深くなるのだということをここで改めて強調したい。

── ビジュアルを駆使した総合的な コミュニケーション戦略が必要

英語についていうならば、文法的に正しい英語を話すことよりも、非言語、言語双方のあらゆるコミュニケーション・スタイルを総動員して、相手とのビジネス交流の場に臨む必要があることはいうまでもない。

そうすれば、多少のミスや誤解はあったとしても、大方において先方に自分の意思を伝え、国際社会でなごやかな雰囲気を創造

できる。

　なごやかな雰囲気を作ることさえできれば、そこにトラスト、すなわち信頼関係が培われる。そうすれば、職場でアメリカ人が離反し、退職したり、極端な場合は訴訟を起こすなどといったことが起きずにすむ。

　このように、よりよいコミュニケーションと、相手に対する自己PRがもたらす恩恵は計り知れない。

　それでも、英語にハンディがあるからという日本人にすすめたいのは、イラストなどのビジュアルを積極的に使用することだ。

　グラフや地図、あるいは図版といった可能な限りのビジュアルを用意して、現状を訴え、未来を模索する。この方法で英語のハンディはかなり解消されるはずである。加えて、十分なアイコンタクトやオープンなジェスチャーを使って、リラックスした雰囲気で話を進める。

　また、もし込み入った内容を説明する場合は、あらかじめ要約したものを相手に配っておくこともよい方法だ。そして、もちろんプレゼンテーションの場でもインタラクティブなコミュニケーションを忘れずに、フレンドリーにそして柔軟性をもって相手と交流する。

　加えて、聞き手となるアメリカ人の態度を誤解しないことも大切だ。

　私がアメリカにやってきたころ一番気になったのが、アメリカ人のため息と欠伸である。会議中でもこちらが話をしているときでも、アメリカ人は比較的気軽にため息をついたり、欠伸をしたりする。すると、日本人は自分の話が面白くないのかと気にした

り、こいつらなんて横着な奴らだと腹を立てたりするから、当然のことながら友好的な雰囲気を作りにくくなる。

これも単純に常識の違いだと思えばよい。

アメリカ人は人の意見に答える前に、大きく息を吸い込んで考えることがある。これを日本人はため息と勘違いする。また、実際に日本とは異なり、ため息や欠伸をすることにアメリカ人はあまり抵抗を感じていないようでもある。

こうしたすべての戦略を駆使して、アメリカ人と交渉をすれば、必ずや満足のゆく結果が得られるはずだ。

次にここまで記したノウハウを活かして、いかに職場での環境をよくして、アメリカ人の従業員や同僚、あるいは上司との人間関係を築いてゆくかということについて解説してみたい。

これまでの章で説明した事柄は、いわゆる素材であって、問題はこうした素材を使っていかによい料理を作れるかということを考える必要がある。

これから、さらにいくつかの調味料ともいえる素材を加えつつも、主題を海外でのマネージメントという点に移しながら、「嫌われない日本人」になるための方法を模索してみたい。

第2部

アメリカでのそして海外でのサバイバル

第5章
アメリカでのオフィス・マネージメント

── ハートランドこそ
アメリカの代表的存在

　最近、仕事でシンシナティ市を訪れた。

　シンシナティはオハイオ州の南端にある都市で、市の南を流れるオハイオリバーを渡れば、そこはケンタッキー州である。ケンタッキー州は、すでに南部の一員となる州で、そうした意味ではシンシナティは南部への玄関口に位置する町といっても差し支えない。

　ゆったりと蛇行しながら流れるオハイオリバーは、昔から東部とそれ以西の地域とをつなぎ、かつ南へ行けばミシシッピ川へ合流し、ニューオリンズまで南下できる重要な河川であった。鉄道があまり発達していなかった19世紀には、そこを人や荷物を載せ

た蒸気船が行き来した。やがて川に沿った要所要所に町が生まれ、産業が興る。

シンシナティはそんな町のなかでも特に繁栄していた。東部沿岸から運河や五大湖を経由し、オハイオ川に入った旅人は、まずはピッツバーグで、そしてシンシナティで、さらにはミシシッピ川にあるセントルイスで交易をしたり、西部へと開拓に出るための物資を買い込んだりしたのである。

19世紀当時、東部と西部とを分けたのは東部13州の西に位置するアパラチア山脈で、それ以西はすべて西部とされていた。西部はまだ一部しか開拓されておらず、そうした地域への玄関口として、これらの町々は繁栄したわけだ。

現在では、シンシナティのあるオハイオ州からロッキー山脈に至る広大な地域のことを、人々はミッドウエストと呼んでいる。ミッドウエストは基本的には平坦な地域で、北には森と湖、それ以外は所々に丘陵地はあっても概して大平原が続いている。

そしてミッドウエストのことを別名ハートランドと呼ぶ人がいる。この地域こそはアメリカ人が自らの力で切り開いてきたアメリカの穀倉地帯で、いまなお勤勉で実直なプロテスタンティズムの伝統の残るアメリカのハートなのだ。

シンシナティをはじめとしたこれらミッドウエストに点在する都市を訪ねるたびに、私はアメリカの原点に触れたような気持ちになる。

どこの国でもそうなのだが、アメリカにも海外の文化と触れ合い、混ざり合っている地域とそうでない地域とがある。日本人が、「アメリカとは」などといってアメリカ人のことを話題にするとき、

忘れがちなのが、この海外と混ざり合っていないハートランドなどの地域のことだ。

実際には、この広大なハートランドこそが、アメリカの世論を代表し、政治経済の軸としての機能を果たしていることを知る人は少ない。

大手企業の流通拠点、そして生産拠点のかなりの部分はハートランドにある。東西両海岸にはマネージメントの拠点があるだけで、多くの企業が広大な土地と比較的安価で勤勉な労働力が供給できるハートランドにそれ以外の施設を設けているのである。

日本人は、東西両海岸に住む、いわゆるオペレーション拠点で働くアメリカ人と交流して、彼らを通してアメリカの世論を覗き見、アメリカの様々な情報を入手しているのである。そこにいるアメリカ人は、日本のことを理解してくれる、いわば海外との接点で働くごく一部の人々なのだ。

ちょうど日本の政治家の多くが、日本の地方都市の世論に左右されて政策を練っているように、アメリカの政治家の多くは、むしろハートランドの世論に動かされる。

すなわち、われわれが普段出会うことのない、アメリカの心臓部にいる人々こそ、ある意味で現実のアメリカの世論や文化を代表しているといっても差し支えないことを知っておく必要があるのだ。

── アメリカの地域差を知っておこう

生産や流通拠点のみならず、ミッドウエスト地域にオペレーション本部をもつ大企業もかなりある。

これらの企業は、その昔ミッドウエストに入植し、そこでアメリカンドリームを手にすることのできた人々が興したもので、たとえばシンシナティにはP&Gで知られるプロクター＆ギャンブルが今でも本部を置いている。

　さて、日本でのアメリカ通、あるいは国際評論家といわれる人たちの論評を見るとき、特に注意しなければならないのが、こうした本当のアメリカの意識が果たしてどこまで紹介されているかということだ。

　一例だが、日本ではよくアメリカは犯罪率が高い国で、その背景には銃を自由にもてる社会があると報道される。

　しかし、この報道の背景にさらに地域ごとの特殊な事情があることを知っている人はあまりいない。

　中西部では、一部の都市を除けばドアを開けっぱなしで寝ていてもまったく問題がないような町や村があちこちにある。彼らは、時には閉鎖的とも思われるほど親密な村社会に生きていて、その中心には教会や集会所があって、そういう所に集まっては町政の運営などについて話し合っている。

　こうした町では、開拓者の時代からの伝統で銃をもつことは生活の一部と思われているが、いわゆる東西両海岸をはじめとする大都市で起きるような銃を使った凶悪犯罪はめったに起きない。

　それに比較して、たとえばニューヨークやロサンゼルスといった都市圏の中にある一部の地域では、殺人事件をはじめとした凶悪犯罪が頻発し、その多くに銃が使用されている。

　しかし、実はニューヨークでは銃の所持は法律で禁止されており、許可なくもち歩けば、それだけでかなり重い罪になる。した

がって、ニューヨークにある銃の多くは、銃の所持を禁止されていない他所の州からもち込まれてきたもので、それが犯罪に使用されているのである。

このように、銃と犯罪の問題一つをとっても、地域ごとに事情が違う。

アメリカには連邦政府はあるが、地方の力が日本に比べてはるかに強く、それだけに地域によってそれぞれ特色のある法律があり制度がある。

教育だって、全国一律ではない。それぞれの地域の判断で、あるいは学校の判断で教育のカリキュラムも違えば教える内容も大きく変化する。

ミッドウエストの各地は、特にそうした自立意識の強い地域と言える。こうした地域では、世界についての情報も東西両海岸に比べれば限られている。彼らの日本観の原点にあるものは、第二次世界大戦であり、戦後の経済的な発展であり、その他のことといえばアメリカのマスコミがこぞって取りあげ、全国に向かって報道した大事件に集約される。

これは、仕方のないことだ。というのも、彼らの情報源はと言えば、メディア、そして地方の新聞に限られていて、それ以外に海外の事情を吸収する機会は少なく、その必要性もそれほど感じていない。インターネットは現在では貴重な情報源だが、ネットは目的意識を持って活用しない限り情報を入手できない。

従って、大多数の人は、ネットを使用してわざわざ日本のことを調べたりはしないはずだ。

しかも、こうした地方のメディアでは地方のこと、そしてアメ

リカ国内の報道が優先されるわけで、多くの住人にとって日本とははるか遠くの、極端な話、中国とそう区別のつかない地域となるのである。

実際、日本に対する興味だって人によっては皆無と言っても過言ではない。

では、こうした人たちがいつ日本に注目するのか。

それは経済の影響を彼らが受けるときだ。日本企業が進出して地元の経済が活性化したとき、そこで職が保障されたとき、彼らは初めて日本の存在を知る。あるいは、日本経済の影響で地場産業がダメージを被ったと彼らが思ったとき、多くの人がマスコミの報道から、日本を脅威としてとらえるのである。

それであればなおさら、先の宮沢元首相のABC放送での答弁のときにも指摘したように、マスコミ等のインパクトに注意する必要がある。日本が全国をカバーするテレビでどのように報道されているか、あるいはそんなテレビでのインタビューに応じてどのように日本人が答えているか。

こうしたことが彼らの日本観に決定的な影響を与えるのである。

日本人はアメリカの政治家やあるいはマスコミが日本に接触してきたとき、それがどういう目的であるのかを無視して、PRを怠ってしまう傾向がある。

言うまでもなく、アメリカの政治家はアメリカでの票を気にして行動し、マスコミはアメリカでの視聴率等に動かされて番組を制作している。そうした判断の基準となる世論の中核に、このミッドウエストをはじめとするアメリカの広大な「地方」があることを、もっと真剣に考える必要があるのではないだろうか。

──「グループツアー型発想」を乗り越えよ

　さて、以上のことを考えた上で、アメリカといかに接していくかという話題に戻るとき、日本人が気を付けなければならない大きな課題を指摘したい。

　それは、「グループツアー型発想」を乗り越えろという課題である。

　私は毎年一度、ドイツのフランクフルトに旅をする。理由は毎秋ここで国際ブックフェアが開催されるからだ。ここに行けばその年、あるいは翌年の春にかけて発売される世界の書籍に触れることができるのだ。

　当然のことながら、世界中から出版業界の人がこのブックフェアに参加して、海外で発売されている書籍の権利を買おうと活動する。

　数年前のこと、この国際ブックフェアをアメリカの出版業界の専門誌が取りあげ、一つの記事を掲載した。それは、アメリカの出版界は自らの書籍の権利を販売することには熱心だが、外国の書籍を買おうということについてはほとんど興味を示していないという内容で、アメリカの一方的な輸出攻勢を批判したものだ。

　実際、アメリカの出版社は、海外からの買物をあまりしない。

　海外についての書籍を出版する場合でも、アメリカ人の著者を立てることが前提となっているケースが大変多い。私も以前、日本経済のメカニズムをひもとく原稿をアメリカの出版界の大手マグロウヒル社に紹介したことがあったが、そこの編集者はアメリカ人の著者を共著者にすることを条件に、初めて企画を承認して

くれた。

　出版社側にとってみれば、そうした方がアメリカ人になじんだ英語で編集し、マーケットに紹介できて都合がよいのだろうが、こうした海外への無関心の背景に、マスコミ、あるいはメディア大国アメリカの自惚れと高慢を感じてしまうのもまた事実である。

　さて、それでは日本はどうだろうか。日本はオリンピックと同様、フランクフルトのブックフェアにも大選手団を送り込む。だが、彼らの多くは旅行代理店の企画したグループツアーに参加しており、基本的にはただブックフェアを見て回るだけ。それではもし面白そうな書籍があればどうするか。その時は、彼らは日本にある大手のエージェントに連絡をとる。場合によってはそうしたエージェントがあらかじめコーディネーションを行っていて、担当者をその書籍を所有する出版社のブースに連れてゆき、そこで通訳を交えて商談をする。

　日本の出版界にあって、単独でフランクフルトに出張して企画を探し、買い付けている担当者はそうはいない。

　ここに逆の意味での日本の閉鎖性がある。

　確かに、アメリカと比較すれば、日本は海外から多くの企画を購入している。しかし、それらの多くは、ごく一部の大手エージェントがほぼ独占的にアメリカの出版界と提携して日本にもち込んだもので、そこには出版社独自の独創性があまり見られないばかりか、企画が画一化し、本当にユニークで内容のある書籍が無視されてしまうことも多くある。

　こうした事情は、こと出版界に限らず、日本のあらゆる業界に言えることで、私はこれを「グループツアー型発想」と呼んでいる。

日本社会は、伝統的に一匹狼を嫌うせいか、ことビジネスで海外に出るときでもこの「グループツアー型発想」を捨て切れていない。

　多くの業界がコーディネーターとエージェントに頼り切って、自らの目で物事を見たり判断したりせず、まして現地の人と交流しようとしない。

　すなわち、エージェントまかせのおざなりの交流だけを行い、現地の人と握手だけして、あとは日本に引き込もって、気付いてみると日本という「大奥」からあれこれと指示を出して遠隔操作をしているケースが多いのだ。

　この発想だと、日本の常識を引きずったままアメリカにやってきて、まさに観光バスのなかから外を見ているかのように、現地の駐在員やコーディネーターにエスコートされて動き回り、商談のはしりのようなことだけを行って日本に引きこもってしまうことになる。

　また、現地の駐在員は駐在員で、世界の情報を日本の新聞から入手していたり、それこそ東西両海岸に住む日本とのコミュニケーションをかじっているアメリカ人に頼って行動していたりで、直にアメリカに接している人はそんなに多くはない。

　私は、よくアメリカに進出している日本企業で、現地でのアメリカ人へのマネージメントの方法などについての指導を行っているが、彼らの英語でのコミュニケーション力の低さに言葉を失うこともしばしばだ。

　また、こうした人々の多くが日本で仕入れてきたアメリカに対する知識の枠を越えないままに何年もアメリカに駐在している。

いわゆる、「グループツアー型発想」のなかに閉じこもったままアメリカで生活しているのである。

恐ろしいことは、こうした「グループツアー型発想」に、マスコミ関係者もかなり侵されていて、ただ外国の通信社の記事をそのまま流用したり、一部の日本通と呼ばれるアメリカ人、あるいはアメリカ通と呼ばれる日本人に頼り切って仕事をしたりで、自らが体を張って経験し、四苦八苦して学んでゆくことをあまりしない。

出版界を見るならば、いつ見ても同じ名前の著者が同じようなことを繰り返し紹介し、それが書店のビジネス書の書棚を埋め尽くしている。最近書籍が売れなくなってきていますとある出版社の編集者がぼやいていたが、この背景には、そうしたマンネリズムと「グループツアー型発想」に読者が飽きはじめていることも理由の一つとしてあげられるのではないだろうか。

アメリカ人とのよりよい職場環境を築き、アメリカと対等に、かつ尊敬し合える関係を作るには、まずこの「グループツアー型発想」を捨て去り、乗り越えることが必要だ。

──「グループツアー型発想」が思わぬ負担を招いた(1)

ニューヨークで日系企業に起こる訴訟を解決するために奔走している弁護士に、ウィリアム・カーメル氏がいる。彼は、この日本人の海外でのアプローチに対して厳しく警告する。

「今まで数多くの訴訟が日系企業に対して起こされていますが、実はそれらの多くが容易に解決できるものだったのです」

カーメル氏によれば、日系企業はまずアメリカに進出するとき、商法や通商協定などといった分野を扱うビジネス専門の弁護士に仕事を依頼する。

　そして、現地法人が設立されたあとも同じ法律事務所にあらゆることを相談するのである。すなわち、法律関係の問題に関して、その法律事務所がグループツアーのツアーコンダクターの役割を担ってしまうのだ。

　問題は、法律事務所には各々専門領域があるということだ。そうした専門領域を無視して別の用件で同じ法律事務所に問題の解決を依頼することは極めて危険なことなのだ。

「われわれには守秘義務がありますので実名はあげられませんが、実は日本の商社の多くがこうした問題で多額の賠償金を支払わされることになりました」

　実際に、女性への差別の問題で訴訟を起こされたある商社が、日ごろ相談をもちかけている商法専門の弁護士に問題の解決を依頼した。弁護士としては仕事が舞い込んできたわけだからそれを喜んで引き受けたが、このようなケースを処理するには雇用法専門の弁護士が必要になる。

　結局その商社の場合は、敗訴して企業イメージを傷つけてしまったのみならず、金銭的な負担も強いられることになったのである。

　また、社内でアメリカ人同士が問題を起こした場合、日本の会社の対応は、これはアメリカ人同士の問題だからと、自らが経営者として問題に積極的に介入しないまま事態が鎮静化するまで黙っていようと放置してみたり、アメリカ側にただ問題解決を依頼して、自らはその外で成行きを見守っていたりすることが多くある。

こうした対応がマネージメントへの不信感を煽ることになり、あとで取り返しのつかない問題へと発展するのである。

グループツアー型のスタンスでツアーコンダクター的な役割を果たしている団体や人物にただ頼り切るのではなく、自らが、多方面から情報を収集して、アクションを起こすよう取り組む姿勢が絶対に必要だ。

──「グループツアー型発想」が思わぬ負担を招いた(2)

5年ほど前、ある日系企業の駐在員N氏がアメリカに赴任してきた。

その企業は日本では中堅の企業だが、アメリカでのオペレーションの経験は浅く、現地採用の日本人の他に日本から派遣されてきた人は数人しかいない。

さて、N氏がやってきたということで、アメリカの提携先などが招待され、歓迎パーティが開かれた。N氏は日本を離れるときに結婚をしたこともあって、それはそんなお祝いも兼ねたパーティだった。

そこで、アメリカ人従業員がそれぞれプレゼントをもってきて彼に渡す。問題は、それを受け取ったときのN氏の態度だった。例によって曖昧な笑みをうかべ、ありがとうとつぶやいたあとで、そのプレゼントをことごとく自分の鞄のなかにしまい込んで知らん顔。

アメリカではプレゼントを受け取ったら、本人の前でそれを開いて見せ、万一中味がそれほど素晴らしくなくても、一応驚いたり、

喜んだりして、相手に感謝の意を表するものだ。これで、アメリカ人の間でのN氏の株は落ちてしまった。

さて、このN氏はその後もアメリカ社会になじめずに悶々とする。しかし、それを乗り越え、アメリカで頑張らなければ、彼の日本での評価にかかわってしまう。実はN氏がアメリカの職場になじめなかった理由の一つに、現地法人の日系アメリカ人副社長とうまくいかなかったことがあげられる。この副社長は日本語も話せ、かつ長年アメリカと日本との間に立って様々な仕事をしてきた経験豊かな人だった。

ただ、問題はこの副社長がアメリカでのすべての情報をもっているため、日本側はまさに「グループツアー型発想」に従って、この副社長に頼りっきりになっていた。すなわち、ここでは副社長がツアーコーディネーターの役割を担っていたことになる。

さて、この副社長とアメリカになじめないN氏とはことごとくそりが合わなくなる。一応N氏の業務を管理し評価するのは上司の副社長の責任となるわけだから、N氏が自分が副社長から悪く評価されることを気にするようになったのはごく自然な成り行きといえよう。

N氏は職務で年に数回帰国する。しかも、日本が恋しく、一刻も早く帰任したいと願っているような彼であれば、年末年始などの長期休暇のときも日本に帰る。そして、この頻繁な往復の間、N氏は会社の上司と会って副社長の問題点などを報告し、いわゆる社内政治をしていたのである。

本社から見れば、これでN氏と副社長との2人のツアーコーディネーターができたことになる。そして、本社のなかが、N氏の言

い分をよしとする人と、副社長を立てていこうとする人とで2つに分かれてしまい、このことが発端となって社内での派閥抗争が激化してしまったのだ。

結局、N氏は3年の任期ののちに帰国したが、その一年後に副社長も退任し、日本から直接重役が現地に行き、現地採用で元々日本の本社でも働いた経験のある日本人と共にニューヨーク支社を運営することになった。

この時事件が起こった。政争に敗れた形で退任することになった副社長が、本社の社長から退任に際して手紙を受け取ったのだ。そこにいわく、「貴殿の社への今までの貢献に深く感謝している。しかし、すでに後進に道を譲り実りある老後を送られる年齢に貴殿は至っており……」と。

副社長はそれをもって弁護士のところに相談にいった。

この文面に書かれている通り、後進に道を譲るということは、自分が年をとっているために解雇されることを意味するもので、これは「年齢に対する差別」にあたるのではというのがその副社長の主張であった。

ニューヨーク州では、人種、信教、年齢、肌の色、身体の障害、出身国、性別、婚姻状態などの理由によって人の雇用に差別があった場合は、場合によっては刑事事件として訴追されると州法で規定されているため、これは一歩間違えば大変な問題へと発展しかねない事柄となった。

結局、本社が高額な和解金を支払って一件は落着した。

しかも、それによって社員の間に生まれた不信感やモラルの低下を癒すのにかかった人的物的エネルギーは相当なものだった。

この例は、海外での経験の浅い中小企業にありがちなことだが、これこそ企業における「グループツアー型発想」がもたらした大きな「支払い」いうことになる。

── 内が外に勝つ構図が
##　　 思わぬ逆転劇の原因になった

ここで、このケースをさらに詳しく分析してみたい。
　すでに記したように最初の歓迎パーティの一件に始まって、その後もN氏はアメリカ社会になじめず、目は常に日本に向けられていた。
　日本のケーブルテレビで日本のプロ野球の結果を追いかけ、日本の新聞で内外の事情を読み、週末は日本の旅行代理店のアレンジしたツアーでナイアガラの滝を観光したりして、彼はアメリカでの毎日を送っていたのである。
　こうした状況なので英語も上達しなければ、アメリカ人の友人もできない。ここで紹介したコミュニケーション・スタイルについても、彼はほとんど理解してはいなかった。
　一方、日系人副社長は、若いころ日本から渡米してすでに35年、アメリカの市民権は20年前に取得し、苦労を重ねてアメリカでの地位を築きあげた。そんな副社長がアメリカに積極的に溶け込もうとしないN氏を見て苛立ったのは当然といえば当然の成り行きであろう。
　次に、本社の対応だが、本社は大卒で採用し、すでに10年間会社に忠誠を尽くしてきたN氏に絶大なる信頼を置いている。N氏

は現地で採用された副社長とは違い、将来本社のなかで出世するいわば「内」にいる存在で、海外のオペレーションを任せる都合で採用した副社長は「外」の人間として位置付けられている。

　しかし「外」とはいえ、アメリカのことを知っている副社長に本社は頼ること甚大で、もちろん副社長もそのことを知っている。しかも、人事雇用関係の激しく変化するアメリカ社会で生きてきた副社長としてみれば、自らがアメリカの情報を握ることにより、本社にそのパワーを強調することこそ、自らが生き残れる必要十分条件だと思っていたのも事実のようである。

　同時にそうしたパワーを誇示することによって、副社長は市場よりは相当高めの収入を得ることができていた。

　したがってN氏は副社長との間にひびが入ると、即座に副社長のそうしたサバイバルのための戦略を本社に対して説明し、副社長の「横暴」を許しておくことは会社のためにもマイナスだと主張を始めたのである。

　「いや。副社長はアメリカ人だと思わないとな。日本人の顔をしているが、頭の中はアメリカ人なんだよ」

　N氏の訴えを聞いた重役の一人はそうつぶやいた。そして付け加える。

　「やはり、本社の心意気を知る者が現地で指揮をとらなければだめだなあ」

　このようにして、本社内での副社長の評価が微妙に変化しはじめたのだ。

　その後、何度かの政争のあと、結局新たにアメリカのツアーコーディネーターとなったN氏の考え方を支持するグループが、会社

の意思をまとめあげ、副社長の更迭が決定したのである。

さて、この内示を受け取るやいなや、副社長の長年培ってきたツアーコーディネーターとしての見事な反撃が始まった。本社に引導を渡されに出向いた副社長は、

「これによってアメリカでの自分の名誉が傷つくことは私個人にとってダメージが大きすぎる。私はアメリカに永住しているんですからそうした私の立場を考え、私の名誉を守るような手紙を社長からいただきたい」

といって社長に懇願したのである。それが、あの「後進に道を譲り」の一件となったわけだ。

── プロアクティブでインタラクティブな支社管理

ここでの教訓をいくつかまとめてみたい。

まず、N氏は単なる一社員であり、本社においては社長と頻繁に会ったりするような立場にある人物ではない。

しかし、駐在員社会では事情が違ってくる。海外という突出した場所で業務をする駐在員は、海外戦略の展開という使命もあって、より頻繁に経営陣と接触する機会をもつ。このことが、N氏を誤解させ、自らが会社の中枢神経に影響を与えられる存在だと思い込み、会社側も駐在をしているという理由だけでそうしたN氏の言葉に耳を傾ける。すなわち、駐在員社会でのマネージメントを誤ると、とんだ政治問題を社内にもち込むことになりかねない。

次に、本社はこの問題に対して単なる聞き役に徹していて、第

3章で紹介したように、プロアクティブに情報を収集したりといった行動を怠った。そして、まさに日本にある本社の奥の奥にある一室から判断し、アメリカの人事に関する決定を行った。

　したがって、最終的には副社長の方からも振り回されるかたちになり、結果としてN氏も副社長も双方とも会社を利用して、自らの利益を守ったことになる。

　もちろん、N氏以上に、自らの生活が脅かされ、かつ本人からしてみれば不当に取り扱われた副社長は、最後の段階で必死で会社へ抵抗をしたわけだ。

　また、N氏の主張を聞いた重役が言う「本社の心意気」だが、そんなものが現地支社に本当に必要なのだろうか。

　これは本書で何度も記した、自らの常識に頼って、相手の常識を評価するという極めて危険で誤った行動であろう。アメリカにはアメリカの発想があり、常識があるわけだから、それを無視して本社の価値を現地に一方的にもってゆくことは、支社内での誤解と摩擦、ひいては不信感の原因となり、企業体質を弱くしてゆく最初の過ちである。

　本社の経営哲学を現地の事情に合わせ、いかに柔軟に融合させてゆくかということは、経営陣が考えなければならないもっとも大切な課題の一つなのだ。

　本社の心意気を問題にするくらいなら、ことが深刻になるまで、副社長におんぶにだっこというかたちで本社ぐるみで「グループツアー型発想」にひたっていたことを経営陣は本気で反省するべきであろう。

　副社長とインタラクティブに交流し、マネージしていれば、N

氏が指摘したような副社長の問題も発生しなかったはずである。第6章と第7章ではそうした海外でのマネージメントについてさらに詳しく解説したい。

最後に、N氏がいったいアメリカで何をしていたかをもう一度振り返る。N氏は駐在員である以上、現地のオペレーションに加わるわけだが、本社採用という理由だけで、常に本社とラインをもつという特権を与えられた。

これは公式なラインではないにせよ、重要なラインで、こうしたN氏と本社との非公式なつながりが、結局はN氏と副社長との関係にひびを入れる決定的な要因になったのである。

すなわち、副社長から見れば、N氏は自らの領域に侵入してきた諜報員となるわけで、これはアメリカ企業での人の出入りの激しさを知っている副社長から見れば、当然気になる行動となる。

そもそも、N氏の役割はアメリカに慣れること以上に、本社からやってきた人々の接待係、文字通りのツアーコーディネーター、あるいはツアーコンダクターであった。しかも、そうした接待の場こそが、その企業において本音で情報交換ができる唯一の場であったことに事態が複雑になる背景があったわけだ。

このようにプロアクティブでインタラクティブな支社管理ができていなかったことが、こうした大きな傷を被る原因となっていたのである。

── *悪循環に陥りがちな現地法人*

このN氏と現地副社長との確執のケースは、日本の会社が世界

にネットワークを広げてゆくなかで気を付けなければならない問題をいくつか含んでいる。

なかには、この問題は中小企業か、海外との経験が希薄な会社の問題だと思われる読者もいるかもしれない。第一、N氏が政治的に振る舞えるような環境はわが社にはなく、もっと巨大な組織によってわが社は運営されているという読者も多いだろう。

しかし、組織が大きければ大きいほど、実はこの手の問題が起こりやすい。組織が大きく、社長や重役とは直接コンタクトはできないにしろ、ややこしい問題が起これば本社に直接電話を入れて調整を行い、事後に現地社員に説明だけをしている駐在員も結構いるはずだ。

しかも、その説明が不十分で、本社と1時間打ち合せたことを、5分で現地社員に連絡をしたりする。こうしたことが続けば、少しずつ支社内でのコミュニケーションが悪くなり、アメリカ人のなかに不安や不満が蔓延する。

大体において、そうした不満は少しずつ社内に浸透してゆく。したがって、一見すると表面上その組織は健全に運営されているかのように見えてくる。しかし、よく見てみると、アメリカ人従業員が頻繁に退職したり、あるいは給与面などの待遇がよいからという理由だけで、消極的に会社を辞めずにいる人が増えていたりする。

こうした、いわゆる給与どろぼう的な人材だけが社内に残ると、頼りにならないから、日本人駐在員はますます本社との連携を強化し、現地の社員を疎外してゆくという悪循環が繰り返される。

こうした場合、往々にして現地駐在員のアメリカ人への評価は

厳しくなるが、大方の人はそういうものなんだとアメリカを知り尽くしたような顔をして、自らの問題を振り返らないものだ。また、長年日本企業に勤めている外国人には、日本企業で単に英語のネイティブというだけで重宝され、それに甘んじながら生き延びているイエスマン的な外国人も少なくない。そうした人とうまくやっているからといって、現地組織が効率的に運営されているかというとそれは甚だ疑問なのだ。

「アメリカ人はなかなか責任をとってくれないので、重要なことが起きれば、結局はわれわれが陰で処理しているんです」

「何かアメリカ人に指摘すれば、その2倍も3倍も文句が返ってきますからね。もうあきらめているんです」

「アメリカ人はいつまでにやりなさいと指示した納期やデッドラインをどうして守らないんでしょうね。外部委託の業者から私のアメリカ人の部下まで、何かというと無理なものは無理なんだからと言ってくる。これではどうしようもないですよね。必要なら残業すればいいのにねえ。忙しいときにバケーションにさっさと出かけてしまったり、どうなっているんでしょう」

「だって、アメリカ人ってすぐ会社を辞めるでしょう。だから教えてもだめなんですよ。2年もするともっとよい仕事が見つかったといってさっさと転職してしまう。これじゃあ教育をしただけ損をするし、第一会社の機密だってもっていかれるかもしれませんしね」

「われわれのオフィスを見てください。アメリカ人従業員は私用の電話ばかりしています。そして物事を頼むと面倒くさそうにのろのろと作業にかかる。それでいて文句を言えば差別だって切り

返されるわけです。それは不公平でしょう」

「アメリカ人はちょっと注意すると、すぐに言い訳が返ってくる。それは言い訳だというと、さらに攻撃的になる。だからもうあまり注意もしなくなりましたよ。結局彼らのミスをカバーしているのは我々日本人なんです」

「アメリカではどちらがお客でどちらが売り手なのか、どちらが上司でどちらが部下なのか分かりませんよ。こっちはお客なのに、一つもこちらのいうことを聞いてくれず、支払いだけはやかましく言ってくる。しかも、私の部署のアメリカ人マネージャーは、それをちゃんとハンドルしないんです。困ったものですよ」

「いいですか。この会社ではナンバー2とナンバー3はアメリカ人なんです。しかも、彼らには日本人の現地支社長の2倍近くの給料を支払っているんです。でも本当にその価値があるのかどうか分からないんです。彼らにいいように操られているんじゃないかって、しょっちゅう思いますよ」

こうしたコメントは表面上はちゃんと運営されているものの、内部に不満が蓄積されている現地法人に勤める日本人に見られる典型的なコメントだ。しかし、忘れてはいけないのは、こうした会社ではアメリカ人も必ず同じような不満を抱いているということだ。

── アメリカ人はアメリカ人で不満に思っている

ここに、私が今まで日系企業に勤めるアメリカ人からもたらされたネガティブなコメントの代表例を列挙してみたい。

「日本人のボスは私を決して評価してくれない。最初は頑張ろうと思っていたけど。いい仕事をしても、無視されたり、時には逆にしかられたり。これではとてもやる気なんて出やしないんだ」

「何か提案をしても、それがよい提案なのかその提案を嫌っているのかも分からない。そしていつまでたっても決裁をしてくれません。ところが、いったん何か決まるといつも大急ぎでやってくれって無理難題ばかり言うんです。私は日本人のように家族を犠牲にしてまで仕事には取り組めません。だって、そんな無理を言うこと自体、彼らが時間管理ができていないからで、それをわれわれに押し付けようったって、そうはいかないですよね」

「情報をとれないのがつらいんです。日本人は彼らだけで情報を握っていて、われわれはいつも蚊帳の外。これでは積極的に自分の能力を発揮できませんよ」

「一番つらいのは、この会社にいても、将来に望みを託せないということです。だって、どんなによい成績を残してもマネージャーは常に日本からの駐在員で占められている。よく私の日本人のボスは、辛抱しなさい。それは君にとってもよいことなんだからっていうんですが、いったいいつまで我慢できるっていうんです。何も未来がないのに我慢しているって、愚かなことですよね」

「時々、日本人特有のプライドというか、国家意識っていうか、そういったものを感じていやになります。何か日本はすべてにおいて進んでいて、われわれは実に愚かな国民のように思っているんじゃないかって感じますよ」

「私が東京に連絡してもなんの反応も返ってこない。きっと私なんてそれほど重要に思われていないんだよ。ある時なんて、日本

人の上司から日本に連絡してみろっていうから連絡したら、あとで同じ上司からあの件は東京と話したけど向こうの反応は今ひとつだって言うんだよ。自分でやるんなら、なんで私に連絡しろなんて言うんだろう。しかも、東京は東京でなんで私に直接答えてくれないんだ。こんなことがしょっちゅうなんだ」

「会議に出てるとね、日本人だけで何分も日本語で喋っている。それでたったの一分の説明を英語でもらうだけ。何かわれわれには話せないことを隠しているんじゃないかって思われるくらい、疎外された感じがするんです」

「日本からのメッセージはいつもアージェントurgent（大至急）。そしてインポータントimportant（重要）。常にこの２つの言葉を聞いているので、もう本気にしなくなりました」

「日本人は何度も何度も同じ質問をしてきます。もう説明したはずなのにと思っても、またやってくる。そして、時には合意して解決したと思ったことをまた蒸し返してきたりします。これには戸惑います。これは彼らの英語の問題でしょうか。それとももっと別の誤解が原因なのでしょうか」

「当惑するのは、何の用事もないのに日本人が日本のお客を連れてきて、アメリカの企業を訪問するのでコーディネートしてくれっていうことです。ビジネスの目的もないのにどうするのかって聞いても満足のゆく答えがなく、われわれにとって大切な関連会社の責任者の時間をどうしてもらおうかって四苦八苦していますよ」

次の章で、プロアクティブでインタラクティブな支社管理、現地法人の運営のノウハウ、さらにはアメリカでのマネージメントのハウツーを模索する。

そこで、これらのコメントに一つ一つ対処する形で、日本人の陥りがちな問題点についての対策を検討してみたい。

欧米人　V.S.　日本人

日本人から欧米人へのコメント

1) 品質にあまりこだわらず、細かい注意が抜けている
2) すぐに言い訳をする
3) 過去のことをちゃんと見つめて反省しない
4) 自分のスケジュールを優先する（電話会議などで自分の時間を優先する）
5) 速い英語でこちらのことはお構いなしに話を進める
6) 英語ができないことに対する同情が全くない
7) 威圧的な態度で、自分の意見を通してくる
8) お互いに取り決めた締め切りを守らない
9) 人の気持ちへの気遣いがない
10) 結局自分たちが優秀だと思っているのでは？

欧米人から日本人へのコメント

1) すぐに否定的なコメントをいう
2) 曖昧な笑みを浮かべたまま黙っていて気持ちが悪い
3) 言っていることにロジックがなく、わかりにくい
4) 日本人だけで話し、こちらにフィードバックをくれない
5) なかなか決済してくれないし、途中経過が見えてこない
6) 目をそらし、下を向き、時にはオドオド、そして沈黙。
7) プレゼン中には反応なし。後で同じ質問を何度もしてくる
8) 本当によかったのか、はっきりとしたフィードバックをくれない
9) すぐに「日本は他の地域とは違ってユニークだ」という
10) 結局自分たちの方が優秀だと思っているのでは？

これらは、アメリカ人と日本人と、仕事での交流のあとにお互いに対して抱いている否定的なコメントのなかでも代表的なもの。面白いのは、どちらも結局「あいつらは自分たちが優秀だと思っているんだ」という結論に至っていること。調査は、過去20年間、様々な業種にわたり、述べ4000人を対象としている。

第6章
指示の出し方と部下の管理

──「部下が仕事をしてくれない」
という日本人の苦情

　3年前の秋のことだった。アメリカに進出したある自動車会社の技術部門に勤務する田村氏は、緊急の打ち合わせのために日本の本社に呼ばれた。

　そのため、田村氏は日本への出張の前日にほとんど徹夜の状態で資料をまとめたが、部下からの図面が遅れたため、その部分だけをオフィスのアシスタントに頼んで後で日本に送るように指示を出した。

　というわけで、田村氏は日本に到着、週明け早々に本社での打ち合わせに参加した。ところが、月曜日の朝、東京のオフィスで

例の図面を受け取ろうと、コンピュータをチェックしたところ、それが届いていない。その資料は月曜日の午後の打ち合わせに必要な図面だったために、田村氏は大慌て。取りあえず打ち合わせを火曜日に変更してもらったが、日本の上司からは苦情を言われる始末。

　青くなった田村氏は夜アメリカに電話を入れ、アシスタントにいったいどうなっているのか問い合わせた。以下はそのときの会話である。

「おはよう。ごきげんいかが」

「ああ、田村さん。日本はいかがですか。時差ボケはとれました？」

「まあね。ところで、頼んでおいた図面。どうなりましたか」

「ああ、あれね。今日の夕方お送りします」

「——なんだって？　どうして、今日の夕方なんだ。急ぎって言ったでしょう」

「と言いますと。何か問題があるのですか」

「いいかい。僕は今日それが必要だったんだ。どうしてすぐに送信してくれなかったんだ」

「だって、田村さん。あなたは今週の月曜日に必要だなんて言ってなかったでしょう」

「でも僕は急いで送ってくれって言ったよ。それなのにまだ送信してないなんて」

「それは申し訳ありません。でも、あなたは月曜までとは言いませんでした」

「ああ。わかったよ。ともかく今すぐ急いで送ってくれ。よろしくたのむよ」

「OK。お気を付けて」
「ああ、それじゃあ」
　田村氏は心の中で煮えくりかえっていた。
「空港からわざわざ電話を入れて急いで送ってくれと頼んだということは、緊急に決まっているじゃないか。それを自分がやらなかったのに、月曜までと言わなかったと言い訳をするとはどうしたことだ。なんで忘れていたことを率直に謝らないのだろう。アメリカ人はいつもこうだ。本当にいやになってしまう。いつも言い訳ばかり。真摯な気持ちで自分を高めていこうという意識が彼らにはないんだろうか」
　こう彼は思い、さらに上司にどのように謝ればよいか頭を抱えていたのだった。
　実は、これと似たようなケースは数え切れないほどころがっている。締め切りや約束の期限を守らない。それで注意すれば言い訳が返ってくる。そうした苦情はことアメリカだけではなく、海外に進出しているあらゆる日本企業から聞こえてくるもっとも代表的な苦情なのだ。
　それでは本当に進出先の従業員に問題があるのだろうか。
　実は日本人が自らが相手に与えた誤解に気付かずに、ただ一人相撲をして苦しんでいるのかもしれない。もし自分が相手に誤解を与えていることに気付かずに、相手を糾弾すれば、当然従業員の反発を招いてしまうし、職場環境も悪くなる。
　特に文化背景の違う海外では、こうした誤解は部下に思わぬ不信感を植え付けかねない。そこで、この「事件」を例にとって、日本側の問題点を分析してみたい。

── 日本流の指示は 国際社会では通用しない

　この「事件」のあと、度重なる田村氏との衝突で意気消沈したアメリカ人のアシスタント、ステファニーが私のところに相談にやってきた。

　彼女は田村氏の気持ちが分からないと悩みを打ちあける。

　「最近は私もかなり慣れてはきたのですが、田村さんがいったい何を望んでいるのか分からないのです。指示が曖昧で、それを誤解するとしかられます。それも、私があたかも重大なミスでもしたかのように。これには本当に悩んでしまいます。このごろはこちらからちゃんと確認して誤解がないようにするのですが。実は私が確認すること自体、彼は望んでいないのではないかって思うのです。だって、そんなとき、田村さんはとてもいやそうな顔をするんです」

　では、田村氏はどのような指示を出しているんだろうか。

　例の「事件」では、田村氏は出張の前夜にまとめた資料の補足となる図面を至急送ってほしいと頼んだわけだ。そして彼女に、「今日ジャックから図面が届けられるから、それを受け取ったら東京のオフィスに送信してください。よろしく」と指示を出した。

　そして田村氏はこれで十分だと思った。至急といえば月曜日には必ず届いているという意図は十分に伝達されていると信じていたのである。

　しかし、この指示の出し方は不十分だった。すなわち、なぜ急

いで図面を送らなければならないのかという部分と、いつまでに必要かということが指示の内容から欠落しているのである。

そんなばかな。子供の遣いじゃあるまいし、急ぎと言えば緊急だって分かるはずだし、わざわざ空港から電話しているという事情からみて、重要な用件だってことは分かるはずだと反論される読者もいるかもしれない。

しかし、それは実に日本的な反論だ。なぜだろう。ここで日本の職場環境と海外、特にアメリカの職場環境との違いについて分析してみたい。

最近、多少日本人の意識や状況にも変化がでてきているとはいえ、日本の場合、特に大企業の場合は終身雇用が約束されている。

新入社員は入社以来上司と共に同じ釜の飯を食ってゆく。もちろん社内はほとんどが日本人で、誰もが長い年月にわたって人間関係を育成し、ネットワークもできあがっている。

日本の会社でプロになるということは、その会社のことを知りつくし、円滑な人間関係をもち、その延長として社外との業務をこなしてゆく能力をもつことを指している。

そうしたことは名刺交換などの場を見るとよく分かる。

日本人は外国人と名刺交換をするときに「○○会社の××です」と自己紹介をするが、アメリカ人でこのような自己紹介をする人はあまりいない。アメリカでは名刺を渡して自己紹介をするときも、「○○会社の××」ではなく、その個人のプロとしての職業を紹介する。すなわち「エンジニアの○○です」、あるいは「○○です。マーケティングをやっています」というふうに自己紹介を行うのが常である。

この日本流の自己紹介の方法は、自らがその会社に属していて、そこで昇進してゆくことがプロとしての信用と自信の源となっていることを端的に象徴している。こうした日本の社会ならば「あうんの呼吸」も容易に育成される。すでに紹介したエドワード・ホール氏の指摘の通り、日本の会社では何も1から10まで説明しなくても、上司と部下との長年にわたる人間関係で、部下は迅速に上司の意図をくみ取ることができる。

　では、アメリカではどうか。言うまでもなく、アメリカでは個人のキャリアは会社とは切り離された次元にある。

　しかも、アメリカの会社には多様な人種が同居する。

　こうした社会では、他人と同じでいることよりも、他人よりいかに際立ちそのことによって秀でた存在になり、競争に打ち勝つかということが重要だ。そうした競争の原理は単に会社間だけでなく社内の従業員の間でも働いている。

　だから自らのキャリアが活かされないと分かれば、会社を去ることも当然なら、自らのキャリアのためにも、上司から不当に評価されたとなれば、自己を主張し必要ならば防衛することも当然のマナーとなる。

　そこでは、「あうんの呼吸」は通用しない。競争社会でキャリアを伸ばそうとする従業員を管理するには、常に彼らのモチベーションを高めてゆくための信号を送ることが必要になる。そして、彼らのモチベーションを高めるためには、部下に指示を出すときも、その指示がいかに大切なことで、その背景には何があって、それをすることがどのようなことなのかを伝えなければ、人はその指示を納得して行動しない。

すなわち、日本人の指示の出し方の多くは、日本人の文化背景に基づいたもので、外国人からみるならばやはり曖昧で、時には部下を混乱させ、モチベーションを下げてしまうこともあるのである。
　したがって、ここでも第4章で説明した「ビコーズ」のあとをしっかりと伝達する必要が出てくることは言うまでもないことだ。

──「質問は？」と「ありがとう」を忘れずに

　ここで紹介した田村氏のケースで、田村氏がおかしたミスは他人事ではない。これは、日本人がもっとも陥りがちなミスである。そこで、まず田村氏がどのように指示を出せばよかったか、模範解答を記してみよう。
　「ステファニー、今話す時間はある？ お願いがあるんだけどいいかな。今日デザイナーのジャックから図面が届くはずだ。それを今日中に必ず東京の本社に送信してほしいんだ。というのも、来週の月曜日に東京で新型車の予算会議があって、そこでその図面を見せて技術開発のための予算をとらなければならないんでね。これは大変重要な図面なんだ。よろしく頼む。もし何か図面のデリバリーが遅れるといったような問題があったら、東京のホテルに必ず連絡をしてほしい。質問は？ ──よし。じゃあ頼んだよ。どうもありがとう」
　これで、ビコーズのあとも説明できた。
　しかも、相手に「質問は？」と聞いて、問題点がないか再確認をしたことになる。

この「質問は？」という一言は大変重要だ。また、ここでもう一つ大切なことは、最初に「お願いがあるけどいいかな」あるいは「今話す時間があるかい？」と、部下といえども相手の許可をとっていること。そして最後に「どうもありがとう」といって相手に賛辞を与えることも忘れてはならない。

　部下といえども平等に扱うことは、国際社会での基本的なマナーなのだ。

　相手の時間を尊重し、相手に可能かどうか質問をし、最後に相手に賛辞を与える。会社のなかには上司や部下といった上下関係はあるが、その個人個人のレベルでは上下関係は存在しないというのが、平等の原則である。

　ここで、また反論があるかもしれない。「アメリカだって上下の関係はすごいじゃないか。だって、アメリカでは上司は個室をもてるが、一般の社員はそうではない。しかも、特別なパーキングスペースや専用食堂を設けている会社だってあるじゃないか。その点日本の方がよほど平等だよ」

　この反論には確かに一理はある。しかし、アメリカでの平等の原則をよく見るならば、この反論に答えることは困難ではない。

　すなわち、アメリカでの平等とは、チャンスに対して平等でなければならないという考え方がそのベースにある。

　別の言い方をすれば、能力があれば、それを自由に伸ばし、その結果を享受できるチャンスが万人に開かれているというのが、アメリカでの平等の概念なのだ。

　すなわち、年齢や性別、人種などに関係なく、どんなに若くても力があればどんどん昇進でき、その能力に応じて特権も与えら

れるというのがアメリカの考え方で、日本流の年功序列や、立場によって定められた上下関係はそこには存在しない。

したがって、地位が上がれば個室はもらえるが、それを不平等だとはアメリカ人は思わない。また、この延長として、職場での人と人とのコミュニケーションの方法においては、上下関係にかかわりなく平等の原則が厳然と機能しているのもアメリカの特徴である。

アメリカの職場では、その人の地位は、個人としての人格とは基本的に異なるもので、人と接するときは、同じ人間として接することが、常識なのだ。

したがって、日本流の上司から部下への一方的な指示の出し方は、そうした平等の原則に抵触した横柄な行動として反発を招きかねないというわけだ。

── なぜアメリカ人は言い訳を言ったり、反論したりするのか

さて、こうしたアメリカ社会でのもう一つの原則は、自らを守るのは当然の権利だという考え方だ。

田村氏がステファニーとの会話のなかで最も腹を立てたのは、彼女が田村氏の指摘に対して自らを守り反論したことだ。実際、日本人に比べ、アメリカ人はよく反論をする。それも上下関係にかかわりなく、必要とあればいつでもどこでも反論をしてくる。しかも、時にはどうみてもアメリカ側に非があるにもかかわらず、言い訳めいた言葉が返ってくることもあるだろう。最悪の場合は、

あなたの英語がよく分からなかったからなどというコメントだってあるかもしれない。

日本人は、こうした反論を受けると、即座にむっとしてしまう。

あるいはそうしたことが度重なると疲れてしまい、諦めてしまい、相手の言うことだけを聞いて何もそれに対処せずに放置してしまう。これでは、建設的な人間関係を築くことができないばかりか、お互いの誤解を助長することになって生産的とは言い難い。

こうしたとき多くの日本人は、「アメリカ人は、なんで自らの非を率直に認めないのだろう」とか、「黙って上司のコメントを聞くことによってどうして精進しようとしないのか」などなど、心の中で考えるはずだ。

実際、日本で上司が部下に指導を与えるとき、それに部下が反論すれば、横着な行為としてとがめられるのが普通である。

それではなぜアメリカ人は日本人から見ればそこまでして自らを守ろうとするのだろう。

この謎を解く鍵はアメリカ人の基本的な価値観にある。

私はよくアメリカ人へのレクチャーの席で、あなたにとってもっとも大切な価値観は何かと質問する。すると、多くの人が「インディビデュアリズム individualism」だと答えるのだ。インディビデュアリズム、これを日本語に訳せば「個人主義」となる。

このインディビデュアリズムについて、私の友人で日系企業などのコンサルタントとして活躍しているジョン・ギレスピー氏が以前面白いことを言っていた。

彼に言わせれば、日本の英和辞典の多くがインディビデュアリズムの訳語として、個人主義の他に利己主義、あるいは自己中心

主義という言葉をあげているとのこと。「アメリカやイギリスの辞書、たとえばウェブスターなどでインディビデュアリズムを利己主義と解説している辞書なんてありません。これは極めて日本的な訳出で、日本人のものの考え方を象徴した解説と言えそうですね」

ギレスピー氏はそうコメントしているが、実は似たような例は他にもある。たとえばオプティミズムoptimismという言葉を辞書でひけば、多くの辞書に「楽天主義」と書かれている。楽天主義といえば、現実をわきまえずに絵に描いた餅のことばかりを考えることという印象を与え、極めてネガティブな表現となる。しかし、アメリカでオプティミズムといえば、これは未来指向の積極的な考え方を指す言葉と解釈される。

オプティミズムについてはあとで触れるとして、この「インディビデュアリズム」ということを考えれば、アメリカ人がなぜ自らを守ろうとするのかという心のメカニズムがよく理解できる。

移民社会であり開拓者が国を拓いてきたアメリカでは、日本の伝統的な農村社会と違い、その始まりから頼れるものは個人だけだった。開拓者たちは、自ら自然を切り開き、外敵から身を守り、厳しい冬と闘わなければならない。

しかも、広大なアメリカでは隣人に頼ることもままならない。また、たとえ隣人がいたにしろ、その人がよその国の移民であった場合、意思疎通すらままならない。こうした社会では、いかに自らが自らの判断によって可能性を切り拓いてゆくことが大切かということが、容易に理解できる。

自らのチャンスを自らの力で切り拓き、その結果に対しても自分が責任をとるという強い意志こそがインディビデュアリズムの

意味する価値観なのである。

このことからも想像できるように、アメリカ人は基本的に個人を中心に、自己を他とは切り放して考える。自らの成功も失敗も自分の行動に起因し、それをしっかりとマネージすることが、個人にとって最も大切な課題となるのである。

この自らを守るのはサバイバルのための基本条件というものの見方が、アメリカ人が必要ならば自己を防衛することは当然の権利と考えることが背景にある価値観となる。しかも、平等の概念が徹底しているアメリカでは、上司の指摘に対してもその原則があてはまる。そうしなければ、その結果に対して自分が責任をとらなければならなくなるからだ。

さらに、アメリカでは終身雇用の概念はほとんど存在しない。

インディビデュアリズムに裏付けされる雇用関係はあくまでも契約関係で、お互いにとってそれが積極的に作用しないときは、失業の可能性だって常につきまとう。こうした環境のなかでは、従業員が自己を守ろうとすることは、ごく自然な行為と言っても過言ではない。

── *摩擦は部下と2人で解決する
　スタンスをもつ*

では、日本ではどうか。日本では謝辞は取り敢えずその場の緊張を和ませ、そこから話の糸口を見いだすための道具として使用される。

「申し訳ありません」と謝ることは、別にその本人が自らの罪を

認めることを常に意味しているわけではない。むしろ、問題が起きてそれを指摘されたとき、その問題が起きた理由を述べる方が状況を悪くすることが多い。一言謝ればすむものを、なんでいろいろと並べ立てるのかということになってしまう。

グループでの活動を基本とする日本では、謝るということが、そのままその個人への糾弾へとつながらない。多くの人は自分の属するグループのために相手に謝罪を入れるわけだ。

こうした社会に育ってきた日本人から、個人で行動し個人が責任をとらなければならないアメリカ人を見ると、なんで彼らは謝らないのかというふうになってしまうわけだ。

すなわち、謝ればいいものをと日本側が思っていても、それは日本人の常識であって、アメリカ人はちゃんと自分の立場を主張してくる。それも日本人から見るならば、屁理屈にすら思えるような言い訳をして。

しかし、アメリカ人がそのように反応してくるとき、日本側としても、彼らのビジネス文化に従って、自らの指示の出し方、注意の仕方に落度がなかったか、理路整然としていたかということについて、改めて振り返ってみたい。

そして、アメリカ人が反論してきたとき、それを感情的にとらえずに冷静に受け止めて、相手の反論の論旨を考慮して対応することが肝心だ。

「うるさい、言われた通りにすればいいんだ」などとは口が割けても言ってはならない。相手の反論が理にかなっていないならば、どうしてそれが問題なのか、相手に分かるように説明することが大切だ。

まずは、アメリカ社会では、謝ることは、自らの過ちを認め、キャリアそのものを危うくすることに直結するというスタンスに立って、相手が反論してくるということをちゃんとわきまえよう。

　それではどのように相手に注意を与えればよいのだろうか。ここでもっとも大切なことは、建設的な論議をすることを常に心がけることだ。

　再び田村氏の例を考えてみよう。田村氏の怒りは自らが急ぎでと言った意図が通じなかったことにある。すでに記した通り、田村氏の指示の出し方も曖昧だった。重要なことはステファニーのこの曖昧さに対する指摘をまず理解してあげることだ。つまりその指摘を受けたときに、相手の指摘に同意できるところは同意する。ただし、田村氏はここで謝る必要はない。「それは悪かった」ということもある意味では日本的なお茶を濁した解決方法で、それでは何も解決しない。

　ここでは相手の言い分を認めたあとで、田村氏の考え方を分かりやすく述べることが大切だ。

　「なるほど、君の言うこともももっともだ。ただ、私は急ぎと言えばそれは緊急を意味しているものと考えていた。私が日本で使用する書類であるということもあるので、ぜひ大急ぎで送ってほしかったんだ」

　というふうに説明すればよい。そして、そのあとがもっとも大切な部分となる。すなわち、そのあとでお互いの言い分を理解しあい、建設的な解決策を2人で模索するように心がける。ここでは、上司である田村氏がイニシアチブをとらなければならないことは言うまでもない。

ここでの指摘は、今後は急ぎと言えばその日のうちに処理するようにしようと相手に指示を出すこと。さらには、もし自分の指示が曖昧で分からないことがあれば、英語力の問題もあるかもしれないので、遠慮なく質問をするようにとステファニーに言っておくことも必要だろう。また、今回送ってもらうはずだった図面がいかに重要なもので、オンタイムで発送されると会社にどのようなメリットがあるのかということも、ステファニーに分かってもらった方がよい。

　これらのことを、フレンドリーに、アメリカ流のコミュニケーション・スタイルに従って相手に伝達すれば、一件落着ということになるわけだ。

　問題を解決するということは、両者がアグリーメントを結ぶように、お互いが納得することだということを理解し、今後はどのようにすればよいかという指針をそこに明解に添えるように心がけよう。

── フィードバックを忘れるな

　欧米の人々とのコミュニケーションを考える上でもっとも大切なことは、フィードバックをいかに適切にかつタイムリーに与えるかということだ。

　フィードバックとは、相手の仕事に対して自分がそれをどのように思っているかを伝えることを意味している。

　アメリカでの意思の伝達の秘訣は、いかに明解に自分の意思を言葉で相手に伝えるかによる。よく、アメリカ映画などを観てい

ると、恋人同士、あるいは熟年の夫婦間でも常に愛を言葉や態度で表現していることに気が付くはずだ。

　アメリカでのマネージメントの秘訣は、この愛の表現を職場にもち込むこと。アメリカ人の日本人への数ある不満のなかでもっとも大きなものが、この愛の表現の欠如にある。

　もちろん職場で「アイラブユー」といえば精神にでも異常をきたしたのかと思われるだろう。そうではなくて、ビジネスの世界でもそれなりに、「アイラブユー」の表現があるということを知っておいて欲しいのだ。

　すなわち、同僚や部下がよい仕事をしたときにそれをほめること。あるいは仕事を頼むときにそれがいかに大切な仕事で、相手に期待をしているかといったことを相手にちゃんと伝達する技術を心得ておくこと。それがアメリカでよい職場環境を創造するために重要なことなのだということを、知っておく必要がある。

　「日本人のボスは私を決して評価してくれない。最初は頑張ろうと思っていたけど。いい仕事をしても、無視されたり、時には逆にしかられたり。これではとてもやる気なんて出やしないよ」

　このコメントは前の章の最後の部分で紹介したコメントだが、こうしたアメリカ人の不満に日本人は気付かない。そして、こうしたことが重なると、従業員のモチベーションの低下や退職率の上昇の原因となってしまう。

　実際にフィードバックは、日本人が海外で仕事をするとき、もっとも苦手とするマネージメント・テクニックの一つなのだ。

　言うまでもなく、フィードバックには相手を賞賛するポジティブ・フィードバックと、相手の過ちを正すクリティカル・フィー

ドバックの2つがある。ここではまず、ポジティブ・フィードバックから解説をしよう。

　日本ではなかなか部下をほめたりはしない。

　よい仕事をしても、ある意味ではそれは当然のことで、わざわざそのたびに人をほめるのは気恥ずかしいし、場合によっては皮肉でも言われているのではないかという誤解だって受けかねない。

　さらに悪いことには、日本には叱咤激励という言葉があって、ポジティブなフィードバックを行うかわりに部下に厳しい言葉をかけたりする。

　「まだまだだね君は。熱心なだけではだめだよ。ちゃんと相手の立場も考えないと」などと言って、逆説的に部下を激励するのだが、これは海外では大変な誤解の原因となる。

　ほめるときにはちゃんとほめ言葉を使って相手に伝えることが大切だ。しかも半年に一度といったような頻度ではなく、部下が仕事を完結したらその場で賛辞を贈るように努めたい。

　「その時、その場で、明解に」という三原則を守るべしとは、アメリカでのマネージメントの基本となるマナーなのだ。

　そして、フィードバックの場では、その仕事がよかったのかどうか、結果として役に立ったのかどうか、いかに自分がそれを喜んでいるかを相手に伝えるように心がけよう。

　インディビデュアリズムを基本的な価値として心に抱くアメリカ人は、ある意味では孤独、別な意味では独立心旺盛だ。したがって、そうした個人が会社にあるいは社会にどのように貢献しているかというバロメーターを得るためには、フィードバックが欠かせない材料となる。すなわち、フィードバックによってアメリ

人は自身と社会との積極的なつながりを再確認するのである。

逆にグループ社会のなかに生きる日本人には、常に他と自らとは関連して存在しているという安心感が心の奥にあり、自己がそのような社会に帰属している限りにおいてはフィードバックをもらわなくても不安を覚えることはそれほどない。

したがって、こうした日本人がアメリカ人と接するとき、ついついフィードバックがおろそかになり、そのことでアメリカ人側に思わぬ不安と苦痛を与えてしまうのである。

そう、ともかく日本人はほめるのが下手だ。「**You did a great job and I really appreciate it.**（よくやった。本当にうれしいよ）」にはじまって、具体的にどこがよかったか、改善点があるとすれば何かといったことを伝え、最後に「今後も頼むよ」、英語でいうなら「**Keep up the good work.**」と結ぶといい。恥ずかしがらずにこうしたメッセージを伝えるよう日々心がけよう。

── 一方的に叱らずに、コンストラクティブに対応しよう

さて、それでは部下や取引先などに注意を与えるときはどうすればよいか。

アメリカ人の部下がミスをしたり、満足のいかない実績しかあがらなかったときに、ただ叱責するのではメッセージが明快に伝わらないだけでなく、相手の人格を傷つけることになり、逆効果となる。

日本人は特に若い従業員に対してこうした叱責をすることがあ

る。確かに日本の会社では部下を叱責することは珍しいことでもなんでもない。叱られなくなったらおしまいだという言葉があるように、あるいは「鉄は熱いうちに叩け」などといった格言に代表されるように、部下のことを思えばこそ愛の鞭を振るう人も多いはずだ。

しかし、この日本流のしかり方は文化の異なる場所では違った印象を人に与えてしまう。現地に進出した日系企業でこうした日本流の注意をしたために、失望して転職したアメリカ人の従業員がかなりいる。

しかも多くの場合、日本人は自分がとんでもない誤解を相手に与えたことに気付かずにいるために、部下が過敏に反応したり、最悪の場合退職したりするのを見て、

「だからアメリカ人はだめなんだ。石の上にも三年と言うじゃないか」

などと思ってしまうのである。

「いや一度私のアメリカ人の部下がミスをしたので叱ったんです。するとその日の夜に私の自宅に電話がかかってきましてね。いったい私のどこが悪かったんだろうと深刻な声で言うんです。びっくりしましたよ」

カリフォルニアにある日系のコンピュータ関係のセールスオフィスに勤務する日本人駐在員が私にそう語ったことを今でも忘れない。

その会社では、ここ数年にかけて数人のアメリカ人が退職した。そのなかには5年間にわたってそのオフィスに勤務し、将来が嘱望されていたマネージャーも含まれていた。

事態を重くみた会社側が調査したところ、一人の日本人のマネージャーに対してアメリカ人の批判が集中していることが判明したのだ。

　その人は日本人の間では尊敬されている優秀な人物だが、それだけに日本人の部下に対しても厳しく指導を行うことで知られていた。

　問題は、日本のなかで彼の評価が高かったことと、彼が英語を話すことの2つの事情から、会社がその人物に頼りきってアメリカでのオフィスを運営していたことだった。彼の場合、英語はできた。しかし、その英語を日本人の常識に従って使用し、部下を厳しく指導していたのである。

　アメリカでは、人に厳しい指導を行うときでも感情的な表現はできるだけ差し控え、積極的で前向きだと解釈される表現を駆使して指導を行う。

　しかるのではなく、まず相手のよいところを認め、その上で問題点を指摘し、かつそれに対する相手の意見を聞き、相談しながら解決策を見いだすのだ。さらに、その解決策が本人や会社のためにいかに役立つかということを建設的に話し合い、将来への期待をもって話を締めくくる。

　こうした建設的な、英語で言えばコンストラクティブ **constructive** なフィードバックを相手に行うことによって、アメリカ人のモチベーションを高めることが可能となるのである。

　アメリカ人に「だめだ。それでは！」と言えば、その言葉はそのままの意味でアメリカ人に伝達される。この言葉の背景にある「だめだ。もっと頑張れよ。俺の若いころもそうだった。この失敗

をてこにしてさらに取り組んでいけば、数年したら絶対に力がつく」といったようなメッセージは相手には通じない。

　日本人同士なら「だめだそれでは！」と言われれば、部下は部下で、「なるほど。それならば先輩のやっていることをよく勉強して、もう少し工夫をしてみよう」などといった方策を本人が摸索しだす。そして、上司の方もグループでの共同作業という観点からその後も部下の面倒をよくみてゆくはずだ。

　しかし、インディビデュアリズムを常識とするアメリカでは、この「だめだそれでは！」と言われると「ああ、このボスは自分のことをまったく評価しようとしていない。しかも、ビジネスの場でこうした感情論をもち出すとはどういったことか？」ということになり、人によっては「なぜだめなんですか？」とボスに質問をする。

　すでに解説したように、アメリカ人は不審なことがあれば「Why?」と聞くことをためらわない。すると日本人は何か自分が問い詰められたような気持ちになり、ますます感情的になってしまう。

　感情的になればもうおしまいだが、心の広い人はそれでも耐えて、ここに記した自分が本当に言いたい背景を説明するかもしれない。

　しかし、この「もっと頑張れよ。俺の若いころもそうだった。この失敗をてこにしてさらに取り組んでいけば、数年したら絶対に力がつく」というメッセージ自体が曖昧でアメリカ人からみると分かりにくい。したがってこうしたメッセージを受けると彼らはこのように思う。

　「なんなんだ。ぼくが若いことが問題なのか。それは年齢に対す

る偏見だぞ。いや、そうではないとしても、この人の言っていることはまったく意味不明だ。だって、いったいどこに問題があって、それをどのように解決すればよいのかなんの指示もない。第一これを解決することがそんなに大切なことなんだろうか」

── 日本型企業戦士は単なる非力な「ディクテーター」

　アメリカ人から見れば、このように曖昧な指導を行うボスは、能力のないボスということになる。彼らにしてみれば、そうしたボスは理性的でなく、かつ問題点を論理的に指摘しない。日本人ならば、それでも問題があれば、たとえば夜の酒の席などで円満にお互いの理解を促進する。しかし、そんな婉曲的なアプローチの仕方をビジネス文化のなかにもたないアメリカ人は、下手をするとそこで戸惑い失望し、最終的にはモチベーションを下げてしまう。

「いやね。問題はわれわれの会社に勤めているアメリカ人は違うんですよ。能力がないのに要求ばかりしてくるし、しかも、やる気がないのに、給料がよいからここにいようというような連中も多くてね。アメリカ人はガッツがあってバイタリティがあると思っていたんですが、どうもうちにくるアメリカ人は違うようですね」

　こうしたコメントが、商社をはじめとした日系企業に勤務する駐在員から頻繁に聞こえてくる。しかも、残念なことに地位の高い人ほどこのようなコメントに終始しがち。おまけに、そういう人たちは、自分たちこそ世界を股にかけて奮闘してきた歴戦の勇士だというプライドがあり、頑固で自らのスタイルを変更しない。

だが、そういう人たちからこのようなコメントを聞くたびに、私はその言葉の向こう側に度重なるフィードバックの誤解から失望しきったアメリカ人の様子が見えてくる。

　このような誤解が続けば「まあいいや。日本人に合わせとけ。何を言ってもむだだしな。給料はいいんだから我慢しとこう」ということになる。そしてそれをいさぎよしとせずに、もっと未来に向けてチャレンジしようという、やる気のある人物は、早々に会社を去ってしまうことになる。

　前章で説明したように、そうした企業は一見健全に運営されているように見えるが、実は内部が少しずつ蝕まれはじめているのである。

　これら諦めきったアメリカ人や、転職をしてゆくアメリカ人から見るならば、日本人は企業戦士どころか、力はないくせに本社のパワーに頼ってやたら刀を振り回すディクテーター—dictatorということになってしまう。

── 減点法は誤解の元。PNP方式を頭に入れよう

　では、そうした誤解を防ぐために、どのようなフィードバックを行うべきか。

　ここで紹介したいのがPNP方式と呼ばれる方法だ。これは最近MBAなどでよく紹介されるやり方で、PNPのPはポジティブ、すなわち積極的な、あるいは相手を賞賛する会話を、Nはネガティブ、すなわち問題を指摘する箇所を意味している。

できるだけ相手のよいところを認めて、そして問題点を指摘し、その改善によってさらによい仕事をしてもらうように相手にモチベーションを与える方法、つまりPからNへ、そしてPへと会話をつないでフィードバックを行う方法が、PNP方式ということになる。

　最初に注意しておきたいことは、ここでもイコーリティの原則に従って、相手の時間の有無などを聞いてから話を始めることだ。重要な用件なら、世間話などのスモールトークを行ってから本題に入ってゆく。

　最初のPでは、現在任せている案件や、すでに完結した案件などを利用して、相手の努力などを賞賛する。具体的にほめることができる内容があれば、それをピックアップする。たとえば、時間通りにレポートを提出してくれたことや、レポートが奇麗にまとまっていることなど、できるだけ具体的な内容があれば効果的だ。

　さて、次にNの部分だが、ここで大切なことは、頭ごなしに話をしないということだ。相手にできるだけ質問をして、精神論ではなく客観的な情報を集め、相手のその仕事に関する責任領域を尊重して話を進めるようにしたい。心の中で考えている批判をとりあえずしまっておいて、「ところで、この前お願いした資料はどうなっていますか」などといった形で質問をする。

　すると相手はたとえば資料収集が遅れている理由などを説明するが、そこですぐに批判に入らず、何が原因で遅れているのかなどといった事情を引き出す努力を怠らない。そして、最終的に相手の言っていることが許容範囲のなかであれば、どのようにそれを解決するかお互いの会話のなかで模索する。よいことは積極的な解決の方法をリーダーとして自ら提案することだ。そして、そ

の提案を現実のものとするためのサポートなどについても話し合うとよい。

　反対にもし相手の言っていることが自らの許容範囲に入らない場合は、ここでも感情的にならずに、冷静に相手に反論する。

　たとえば、「いや、前回話したとき必ず水曜までに完成できると言っていたはずだろ。時間を守ることはこの種の業務ではとても大切なことだよ。なぜなら、顧客がわれわれのレポートを元に発注書を作成するのが今週の金曜日だから、それに遅れると今月の予算が達成できなくなるって説明したと思うんだが……何か問題があったの。また何かコメントは」

　などというアプローチでよい。要はここでも相手を対等に扱い、必ず相手の言い分を聞くようにすることだ。

　その上で、こうした問題が今後おきないようにするにはどうすれば良いかを話し合う。

　そして、最後のPは、未来へ向けての会話となる。話し合ったことを確認し合い、合意を交わす。その上でその人の貢献がいかに大切かということを改めて強調し、友好的、かつ未来志向にしめくくる。そしてこの段階では、そこで合意した仕事の積み重ねが、その従業員の将来にいかによい影響を与えるかということを伝えることも名案だ。

　このように、PNPの方式は日本流の減点法による注意の与え方とは正反対の方式だ。PNPで大切なことは、基本的にその人を大切にしていこうという意図をいかに相手に伝えるかということなのだ。

　もちろん、相手にこびる必要はまったくない。ただ、リーダーとして常に相手に目をかけているということを、注意を受けてい

る本人が認識できるようにすることが重要なのだ。

── オプティミスティックに発想しよう

このフィードバックのテクニックについて、さらに深く考えるためにも、ここで改めてアメリカ人の未来思考について触れてみたい。

実は過去や物事の背景にこだわるのは何も日本人だけではない。

日本をはじめとして、良きにしろ悪しきにしろ長い歴史の影響を強く受けている国では、過去が人の思考に大きな影響を与えている。これはアジアの多くの国やロシア、そしてヨーロッパの一部などにもあてはまる。こうした国々では、物事の背景を知ることが未来へ向けてのディシジョン・メイキングに大きな影響を与えている。

しかしアメリカでは事情は逆となる。日本人はこのことをよく理解して、アメリカ人と接する必要がある。すなわち、アメリカ人にフィードバックを与えるときも、またアメリカ人とプロジェクトを検討するときも、常に現在の状況と未来とに重点を置いて話をするように努めることが肝要だ。

過去のミスをしっかりと検討することはもちろん大切だが、それならば物事が起きたとき、それが過去にならないうちに、その場で指摘する必要がある。最悪なのは、過去の細かい点を一つ一つ指摘しながら話をすることだ。

先に触れた「オプティミズム」について説明しよう。

オプティミズムのオプティとは、視界や視野のことを意味して

いる。このことからオプティミズムは「前を見据えて未来に向かって物事を進めてゆく積極的な意志」を指す言葉で、そこには日本的訳語である「楽天主義」のイメージはほとんどない。

　この日本人がオプティミズムを「楽天主義」と翻訳した背景を突き詰めれば、日米の文化背景の違いが浮き彫りにされてくる。

　つまり、過去より現在を、そして現在をベースに未来を思考する考え方は、伝統や背景にこだわる日本人にはなじみにくい考え方なのだ。そうした思考を元にアメリカ人が単純に将来に向けて企画を持ち込んだり、アイディアを表明したりすれば、日本人は「基礎ができていないのに何をいうか」とか、「プロの世界はそんな甘いもんじゃない」とそれを批判しかねない。

　これは日本人が悪いとかアメリカ人がどうのという問題ではなく、文化背景に基づく思考方法の違いなのだ。したがって、日本人から見るとアメリカ人が何か提案をしても、不安だし、第一過去の経験に基づいていないので信用ができない。

　しかし、せめてフィードバックや日々のコミュニケーションだけは前向きに行いたい。今ある課題をこなせば、どのようなよいことがあるのかという未来のベネフイットをしっかりと説明することが、アメリカ人のモチベーションを上げるもっとも効果的な方法なのである。

── ジョブ・ディスクリプションから　　パフォーマンス・アプレイザルへ

　建設的なフィードバックが大切な理由がもう一つある。それは

単に個人にモチベーションを与えるためだけではない。実は、人事管理のシステムの上からみても、このフィードバックは重要な行為なのである。

次章でアメリカ人にとっての「責任」という観念の背景について詳しく紹介するが、アメリカでは仕事場での個人の責任領域が日本よりははるかに明確に規定される。

そうしたことから、ほとんどの企業では業務上の従業員の責任領域を明解にし、従業員側からみても自らのやるべきことを理解して雇用契約をするために、「ジョブ・ディスクリプション job description」を制度として職場に導入している。

ジョブ・ディスクリプションとは、従業員が会社でしなければならない業務内容を明記することだ。そして、ジョブ・ディスクリプションは、その後のその人の評価へとつながる重要な要素となる。社員はそのジョブ・ディスクリプションのなかに描かれている責任を全うしているかどうかで、年に一度、あるいは半年に一度、自らの管理者から業績評価を受けるのである。この成績評価のことを「パフォーマンス・アプレイザル performance appraisal」という。

当然のことながらジョブ・ディスクリプションは業務の状況、その人の置かれている状況によってどんどん変化する。したがって、年に一度から二度、そうした変化に対応してジョブ・ディスクリプションを調整することもよくあることだ。そうした場合は、従業員から新たなジョブ・ディスクリプションに関するアイディアを提示してもらい、それを元に改めて責任領域を検討するのである。

ここで気を付けたいのは、ジョブ・ディスクリプションに書か

れた内容に従って定期的に行われるパフォーマンス・アプレイザルのミーティングで、昇進や昇給についての具体的な交渉が行われるということだ。

　パフォーマンス・アプレイザルのミーティングでは、その部下が与えられた期間にちゃんと業務を行ったかどうかを、様々な評価システムを駆使して評価し、従業員に提示する。

　当然評価に食い違いがあれば、その場で従業員と討議が行われるが、時にはそれが結構大変な作業となる。特に業績の上がらない部下との対話の場合、自分を守ろうとする部下と、それに反論する管理者との間のやりとりはかなり深刻だ。

　だからこそ摩擦を最小限に食い止めるためにも、こうしたジョブ・ディスクリプションからパフォーマンス・アプレイザルに至る過程で、常にフィードバックを行って、管理者にとっても従業員にとっても、お互いに誤解なく業務を行っていることを双方が確認してゆくことが極めて大切な行為となる。

　フィードバックが少なければ、それだけパフォーマンス・アプレイザルの段階で上司と部下とが対立する可能性が増えてくる。

　常に日々のフィードバックのなかでお互いに方向を調整し、必要ならば修正してゆくことは、アメリカでの部下の管理方法のいろはのいとして知っておかなければならないことなのだ。日本ではこうしたシステムがないことから、フィードバックがないままにパフォーマンス・アプレイザルを行い、そのミーティングでの説明も曖昧だったために、後日その人を解雇したり昇進させなかったりしたときなどに、大きな問題を抱え込むことがある。

　日本人の管理者の中には、パフォーマンス・アプレイザルでも

摩擦を避けるために、すべての評価を「そこそこ」のレベルにしたりする。それなのに、パフォーマンス・アプレイザルの面接で、それに見合った昇給を提示しなかったり、昇進を拒否したりということが起きたりする。その場合、部下の方は納得がいかず抵抗してくるが、そうした緊張した場面に慣れていない日本人はますます曖昧な返事に終始する。

これが重なると、人が会社を辞めたりするが、そのあとで、評価は「そこそこ」なのに、会社がそれに見合った対応をしてくれなかったのは、恐らく自分が女性だから、あるいはアフリカ系アメリカ人だから差別しているのだという解釈のもと、その従業員が弁護士と共に裁判所に行くことだって十分に考えられるのだ。

このように、しっかりとしたジョブ・ディスクリプションに従い、具体的なフィードバックを頻繁に行い、それをパフォーマンス・アプレイザルに結びつけることができれば、他に心配することはあまりないと言っても過言ではないほど、これはマネージャーの資質を問われるプロセスなのである。

また、パフォーマンス・アプレイザルで部下に行った指導や約束は、必ず次回のパフォーマンス・アプレイザルの討議内容に盛り込んでいくようにしなければならないことは言うまでもない。論理的で一貫性のある対応を常に心得て、このプロセスに従っていくよう心がけたいものである。

第7章
チームのアメリカ、グループの日本

── ブルックリン橋が物語る
アメリカ人のビジネス観

　ニューヨークのマンハッタン島と、イーストリバーを挟んだ対岸のブルックリンとは、3つの橋と1つのトンネル、それにいくつかの地下鉄専用のトンネルとで結ばれている。

　そのなかでも最も美しく、かつ古い吊り橋にブルックリン橋がある。この橋が完成したのは1883年。完成当時は世界で一番大きな橋だった。その規模に加えて、この橋は美しい。大型の吊り橋という近代建築物ではあるが、19世紀ならではの古典的なデザインが取り入れられたブルックリン橋は、新旧2つのアプローチが調和し、力強くも優雅である。

この橋は、車のみならず、歩行者が歩いて渡ることもできる。橋からのダウンタウンの眺めは見事なもの。遠くには自由の女神の姿も望むことができる。

　このブルックリン橋はドイツ系の移民、ジョン・ローブリングが設計したものだ。鋼鉄と吊り橋の原理で巨大な橋をかけることができると思っていたローブリングは、当時としては正に時代の先を行ったこのアイディアをニューヨークの有力者に売り込み、説得を重ね、ようやく着工にこぎつける。

　しかし、彼は着工早々の1869年にフェリーでの事故がもとで死亡。その後の工事は技師としては無名だった息子ワシントン・ローブリングが担当した。彼は基礎工事での水中の作業で起こりがちな潜水病についての専門家だったそうだ。ところが、皮肉なことにその彼が工事の途中で潜水病におかされて、体が動かなくなってしまう。

　その結果、ワシントン・ローブリングは、マンハッタンから見れば対岸の町、ブルックリン・ハイツの病室の窓をから橋を観ながら建築の指揮をすることになるわけだが、その彼の指示を現場に伝え、時には工事を指導し、橋を完成に導いたのは、なんと彼の妻のエミリーであった。

　もちろん、このブルックリン橋は、こうしたローブリング一家の努力に加えて、無数の名もない貧しい移民の労働力によってできあがったわけだが、今でもニューヨーク始まって以来の大工事の末に15年の年月をかけて完成したこの橋を渡るとき、改めてワシントン・ローブリングの妻エミリーの奮闘に脱帽する。なんの知識もなかった一介の主婦が、プロジェクトの要の役を果たした

のである。

　そして、このブルックリン橋の物語は、ある意味でアメリカ人のプロジェクトに対する考え方を象徴している。

　19世紀半ばに現在も使用に耐える巨大な吊り橋を造るなどということは、夢物語であった。しかし、ジョン・ローブリングのアイディアに資金がつき、その夢が現実のものとなる。皮肉なことに、その資金を運用した男は、当時のニューヨークの政界のボスで、賄賂で私腹を肥やし、市政を牛耳ったツイードという男で、この橋に絡める資金も相当着服していたと言われている。それはさておき、アイディアがよければリスクをかけてそれに投資し、チャレンジしてゆこうというのがアメリカ流のプロジェクトの進め方であることは言うまでもない。

　そして、このプロジェクトの開始早々、プロジェクトの中心となり、自らの夢を追いかけていたジョン・ローブリングが死亡する。注目したいことは、そのことで当局が工事を延期し、著名な技師を招いたりせず、無名の息子に跡を継がせたことだ。しかも、その息子も病気になると、妻がにわか勉強の末、この大役を見事に成し遂げる。

── アメリカ人は変化をよしとし、積極的にトライする

　計画やアイディアがよければ、まずはそれを実行に移し、その後の試行錯誤のなかで物事を調整し、状況に応じて適宜対応しながらプロジェクトを進めてゆく。

資料や技術がなければそのつど大急ぎで対応し、全力投球してそれを完成へと導いてゆく。このようにして、リスクにチャレンジをした結果、見事にそれを成し遂げることができれば、その人物は英雄として賞賛されるというわけだ。

　こんな背景もあってか、アメリカの経営者には学歴のない貧しい家の出身者が結構多い。カーネギーしかり、初代のロックフェラーしかり、シリア系移民の子供として知られるスティーブ・ジョブズしかりである。未来志向で、過去の権威に挑戦し、自らの力をもってあえてリスクを冒してゆく人間が、この国では賞賛されるのである。

　この傾向は学校教育でも奨励されている。アメリカの学校では先生に挑戦し、時には反論し、「先生、それは違うんじゃないですか。私はこう思います」と問いかけてくる生徒が高く評価される。

　だから、アメリカ人はどんどんアイディアを出す。そして一刻も早く決裁をしてくれと迫ってくる。残念ながらこうしたアメリカ人の行為に多くの日本人が苛立ってしまう。

　「いいですか。商社の仕事って、何か一つができればそれでいいってものじゃないんですよ。長年の経験で培われた手腕がものをいうんです。それなのに、アメリカ人ときたら、自分に経験がないんならまず学校に通わせてくれなんていってね。会社の金を使ってですよ。しかも、学校に1年通ったらもう一人前になれると思っている。困りますよね」

　数年前、ある日本の商社マンがこう言って、アメリカ人を批判したことがあった。このとき私は古いアメリカ人の知人のことを思い出した。その男は大学では経済学部に入学し、その後社会に

出て働いていたが、どうも今の仕事が自分には向かないのではと思い、思い切って進路を変え医者になることにした。改めて基礎教育を受け、大学に入り、今では医者として活躍している。

「いやね、元飛行機のパイロットだったり、証券マンだったりといった人が私と一緒に医者になる勉強をしていましたよ。そうした人を受け入れる教育制度があるのも嬉しいが、本当にアメリカ人はよくキャリアを変えますね。これって日本では不可能でしょ」

彼はそう私に言っていた。

確かに、画一的な受験勉強と、就職後の一生をかけた昇進の道にがんじがらめになっている一般の日本人からしてみれば、こうした進路変更は想像しがたい。よく、アメリカの会社の掲示板などを見ると、「テキサスでセールスマンとして新しい可能性に挑戦したい人は人事部まで申し出るように」といったようなアナウンスを目にするが、変化をすること、そして変化に前向きであることは、アメリカ人の基本的な価値観の一つなのだ。

── *リスクを嫌う日本人を
アメリカ人は不可思議に思う*

ここで、先に紹介した、アメリカ人の日本人に対するコメントの一つを思い出そう。

「何か提案をしても、それがよい提案なのかその提案を嫌っているのかも分からない。そしていつまでたっても決裁をしてくれません。ところが、いったん何か決まるといつも大急ぎでやってくれって無理難題ばかり言うんです。私は日本人のように家族を犠

牲にしてまで無理難題に取り組めません。だって、そんな無理を言うこと自体、彼らが時間管理ができていないからで、それをわれわれに押し付けようったって、そうはいかないですよね」

そう。変化をよしとして、どんどん新しいことに挑戦しようとするアメリカ人から見ると、日本人は決裁に時間をかけすぎる。しかも異常に長く。

日本では決裁に至るには相当の準備が必要だ。根回しの末にすべての人が同意し、根回しの段階であらゆるリスクを潰した上でなければゴーのサインが出ない。チャレンジなどと言えば無責任極まりないと批判される。

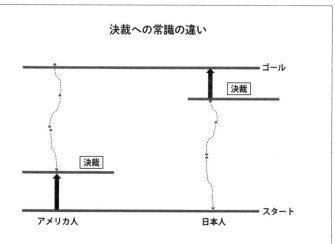

アメリカ人は、まずプロジェクトを進めようという決裁をしてから試行錯誤を繰り返す傾向に。逆に日本人はしっかり根回しをして、できるだけ完璧に準備を整えてから決裁をする傾向に。この２つの常識の違いが多くの誤解の原因になる。

ところが、日本では一度決裁が行われると今度は前に進むしかない。決裁に時間がかかった分だけ急いで計画が実施に移され、プロジェクトの完成まで全力疾走となる。時には下請け業者や現場の部下に無理を強い、グループの総力をあげてそれに取り組む。

　逆にアメリカ人の決裁は、このブルックリン橋の逸話のように、担当者の裁量権のなかで比較的早く行われる。

　その結果、その後の試行錯誤は当然のこととされ、それに柔軟性をもって対応できる人物がリーダーとして尊敬される。

　そして、巨大な橋を造るために重要な役割を担ったあのワシントン・ローブリングの妻エミリーのように、必要ならその時点で猛勉強をして困難に挑戦しようとするのは、アメリカ人がもつ当然の発想なのである。

　ということは、あの日本人の商社マンのような考え方でアメリカ人をマネージしていたら、永遠にアメリカ人を育てることはできやしない。それどころか、双方に不満が蓄積することになってしまう。そして、結局はアメリカ人に仕事を任せることができないため、企業としての現地化が遅れ、その結果アメリカ人はアメリカ人で、自分たちはいつでも蚊帳の外に置かれているという被害者意識をもってしまう。

　まして、本社の方は現地支社よりも、往々にして変化に対して保守的だから、最終的には自分たちが送った駐在員とだけでじっくりと時間をかけて決裁を行い、その詳細をアメリカ人に伝えないままに一方的に決裁をしてしまう。

「情報をとれないのがつらいんです。日本人は彼らだけで情報を握っていて、われわれはいつも蚊帳の外。これでは積極的に自分

の能力を発揮できませんよ」

「一番つらいのは、この会社にいても、将来に望みを託せないということです。だって、どんなによい成績を残してもマネージャーは常に日本からの駐在員で占められている。よく私の日本人のボスは、辛抱しなさい。それは君にとってもよいことなんだからって言うんですが、いったいいつまで我慢できるっていうんです。何も未来がないのに我慢しているって、愚かなことですよね」

「私が東京に連絡してもなんの反応も返ってこない。きっと私なんてそれほど重要に思われていないんだよ。ある時なんて、日本人の上司から日本に連絡してみろって言うから連絡したら、あとで同じ上司からあの件は東京と話したけど向こうの反応は今ひとつだって言うんだよ。自分でやるんなら、なんで私に連絡しろなんて言うんだろう。しかも、東京は東京でなんで私に直接答えてくれないんだ。こんなことがしょっちゅうなんだ」

先に紹介したこれらのアメリカ人のコメントの背景には、こうした日米間のビジネスに関するアプローチの違いがある。しかも、その違いを認識している人は、日本側にもアメリカ側にも比較的少ないようだ。

特に日本では決裁のプロセスのなかで、時間をかけて起こりうるリスクをすべて考えようとするために、さまざまな資料を要求する。

それらは上司の命令のもとに会議での資料として使用される。したがって、こうした命令は急を要する場合が多く、アメリカなどの現地支社では、その命令に従って必死でコーディネートを行ったりする。たとえば、顧客に連絡をとったり、現場のセールス関

係者にアンケートを送ったりしてそれに対応するのだが、問題は、そうして資料を提出したあと、なしのつぶてということが間々あることだ。

　日本から見れば、これらの資料は長い決裁の過程の参考資料に過ぎないわけで、それがあるからすぐにすべてが決まるわけではない。したがって、アメリカ側がその資料を提出した結果何が起こるのかと期待していても、何も動かずそのままというわけで、このことには日本の事情を知らないアメリカ人は閉口させられる。

　そして、そうした不満をもって日本人の担当者にあの計画はどうなったのかと何度も詰め寄るものだから、今度はアメリカの事情を知らない日本人が「うるさい奴だ、なんであんなに押しが強いんだろう」というふうに思ってしまう。

── *遅い決裁にアメリカ人は翻弄される*

　こうした行き違いは、日米間の合弁事業では日々起きている。そしてこれはわれわれが思っている以上に深刻な問題だ。

　なぜかと言えば、合弁事業や商談などでアメリカの会社から派遣されるアメリカ人は、自らのキャリアのためにも急いで目に見える成果をあげ、自己を会社にアピールしたい。特にアメリカでは先に説明したように、1年ごと（あるいは半年ごと）にパフォーマンス・アプレイザルで、従業員の業務実績を評価し、それをもとに給与や昇進が検討されるために、彼らにしてみれば短期間にある程度の実績をあげることは深刻な課題なのである。

　そんなアメリカ人が日本に出張に来て、イエスかノーかも分か

らないままにただ待ちぼうけを食わされた場合、それをどう本社に報告すればよいのか頭を抱えてしまう。

特にアメリカの会社が日本の会社とのビジネスを始める場合、アメリカ人の担当者はよほど心の準備をしておかないと、日本側とアメリカの本社との期待の差の間に挟まれて、本当に胃に穴が開いてしまう。

しかも、アメリカ人から見れば、コミュニケーション・スタイルの違いから、日本人の考え方も本音も分からないままに翻弄される。何度出張しても手ごたえがなく、それでいて諦めかけると美味しそうな話をちらほらと聞かされる。そこで、よしと思ってその話に飛びつくと、今度は長い沈黙に晒されて身動きがとれなくなり、本社への言い訳もできなくなる。

こういうことが重なって、日本嫌いになったアメリカ人は数え切れない。

「私は正直なところ日本人を信用していません。だって、さんざん資料だけ要求してあとは何もなし。その内にわれわれが手渡した資料だけを利用して、彼らだけで新しい製品を開発したりするんです。アメリカ側は、本当にリスクを冒して日本人と仕事をしようと思ってアプローチをかけたんですよ。それなのにすべては曖昧で、うやむやなまま。何度も夕食に招待されたりして振り回されましたよ。あれはきっとわれわれの会社から情報をとるための作戦だったんでしょうね」

日本にプロジェクトを売り込んだアメリカの中堅不動産会社の担当者が、私の友人のアメリカ人にこのようにもらしたことがある。

多くのアメリカ人は、日本人にはこのような不信感を直接面と

向かっては表明しないために、日本人は気付かずにいるのだが、私自身日本の会社とアメリカ人の担当者との間に挟まって似たような苦労したことは何度もある。

アメリカ人から見れば、異常に長い日本の決裁のプロセスは、日本人が最終的にイエスということを期待しているからこそ待つ甲斐もあるというものなのだが、最後にイエスという答えが出る可能性が100パーセントであるはずはない。

しかも、やっかいなことに、すでに説明をしたように、日本人ははっきりとノーを表明しないから、日本人は婉曲に断ったつもりなのに、アメリカ人から見ればそのことが分からずに、中ぶらりんのままに放置されてしまう。

日本側としては、会社の構造を変革して決裁の時間を短縮することがベストなのだが、それができない場合は、最低限いったい何が起きているのかをアメリカ人に詳しく説明するように心がけたい。

日本のシステムと決裁のプロセスを分かりやすく説明しておくこと、そして答えをはっきりと相手に伝え、相手のそれに費やしている貴重な時間を尊重することが、最低のマナーとなろう。

── アメリカ人はどうして締め切りを守らないのか

一方では、この決裁に関する考え方の違いは、日本側にも大きなショックを与えているようだ。

「アメリカ人はいつまでにやりなさいと指示した納期やデッドラ

インをどうして守らないんでしょうね。外部委託の業者から私のアメリカ人の部下まで、何かというと無理なものは無理なんだからと言ってくる。これではどうしようもないですよね。必要なら残業すればいいのにねえ。忙しい時にバケーションにさっさと出かけてしまったり、どうなっているんでしょう」

これも先ほど紹介したコメントだが、こちらは日本人がアメリカ人を批判したもの。日本の決裁のメカニズムが見えないアメリカ人は、当然のことながら、日本人が行った決裁をアメリカ人の決裁の常識に照らして判断する。

となると、アメリカ人から見れば、決裁を行ったあとで事情が変わればそれに柔軟に対応することは当たり前のことで、予算だって再交渉してくるし、計画が遅れることだって別に珍しいことではない。

状況が変化したあとになってまで、オリジナルのアイディアやスケジュールに無理にこだわるのは、アメリカ人から見るならばただ頑固なだけで、優秀なプロのすることとは考えられない。

一方、日本側から見るならば、決裁は長い月日と膨大なエネルギーを費やした末に、ようやく導き出したもので、すでに社長を始めすべての人がその決裁にかかわってしまっている。そのため、それはそう簡単には変更できない。特に大きなプロジェクトの場合は、単に社内だけでなく関連の業界すべてのコンセンサスをとってから決裁を行っているはずだから、それが変更となると、担当者の顔が潰れるのみならず、会社全体としても大きな損失を生むことになりかねない。

したがって、スケジュールに無理が出ても、日本では無理を承

知でそれを実行に移す。また、途中で周囲の事情などで予算などに影響が出てくれば、子会社や下請け業者に値引きを要求してもそれを完成させる。

　子会社や下請け業者はというと、たとえ発注者の要求に無理があっても、そこでの努力によって培われた恩と義理の関係で、その後も発注元との安定した関係を享受できるわけだから、結局のところ協力を惜しまない。「ご無理ごもっとも」は、日本の発注者と受注者の間のいわば縦社会の間柄では、当然の論理として適用される。

　だが、アメリカから見れば、これはナンセンス極まりない。

　アメリカでは「ご無理」は「ごもっとも」ではなく、単純に無理なのだ。それでも無理を通そうとしたら、平等の原則に従って、受注者はその分の値上げを要求してくる。

　また、上司だって部下の個人の生活を犠牲にして徹夜して仕事をするようにというような命令は到底出せない。まして、計画が遅れたために、部下のバケーションのスケジュールとそれが重なってしまったからといって、一方的にそれを変更させたりすることは、常識はずれもはなはだしい行為となるし、部下だってそう簡単にイエスと言ったりはしない。

　したがって、アメリカ側は単純にスケジュールの変更を要求してくる。あるいは、契約書の内容通りにスケジュールが進行しなかったのだから、そこで発生するリスクを解消するために別枠の予算を要求してきたりするのである。

　日本側はそれを常識はずれととらえて憤慨するが、アメリカ側だって譲れないことは譲れない。というわけで、両者は解決の糸

口を見いだせないまま不信感をつのらせてゆくのである。

── アメリカ人は人間関係より、まず仕事を優先させる

　日本側が決裁を始めたり、あるいはビジネスの関係を構築していったりするのに、時間がかかるもう一つの理由に、人間関係のないところからいきなり仕事に入ってゆくことへの日本人としての恐怖があげられる。

　日本では、まず人間関係を構築してからビジネス上の関係を広

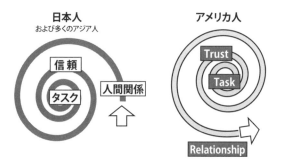

タスクとリレーションの日米比較

日本人は、一般的に、まず人間関係を構築し、お互いをよく知り、そこから仕事にはいっていく。それに対して、アメリカ人はまずビジネスを進め、そのプロセスの中で人間関係を構築する。

げてゆく。

　すなわち、何度も出会い、時には食事を共にしたり、相手の実績を検討したりして、お互いを知り合って、そこで初めてビジネスが生まれるのである。

　こうしたビジネスへのアプローチは、日本以外のアジアの国にも共通しているが、日本はそのなかでも特に時間をかけて相手を知ろうとする。

　特にそれが外国の会社であるならば、なおさらだ。一般的には初対面の場合、そうした時間のリスクを避けるために、人や中間の会社に縁結びを頼んだりするが、そのような文化のない海外の会社は、いきなり日本の会社の表玄関をたたいたりするから、さらに日本側は不安をつのらせ、じっくりと時間をかけて検討をしようとするのである。

　逆に、アメリカでは条件が合致して契約書でお互いの立場が保障されれば、比較的簡単に仕事に入る。そして仕事を通してお互いに知り合い、人間関係を構築してゆく。移民社会であるアメリカではその方法をとることしか、お互いを知る手だてはなかったわけだ。

　この仕事を通してお互いを知るというアメリカ流のアプローチと、人間関係を構築してから仕事に入ろうとする日本流のアプローチが、ここで記した物事の決裁、特に発注の決裁に大きなズレを生み出すことになる。

　特に、日本側が発注者の立場にいる場合、アメリカ側は宴会だけが続いて一向に進捗しない交渉にうんざりとさせられる。しかも、それ以上に日本側はリスクを嫌うために、最初に相手のパ

フォーマンスを審査する行為に出る。どういうことかと言うと、時間をかけてお互いをよく知り合ったあとで、まずは最初だからと、ごく小さなオーダーを出し、それに相手がどこまで真摯に対応するか、努力を惜しまずにサービスを提供してくるかを見ようとする。そうしたこともあって、最初のオーダーは結構苛酷な条件を伴ったりする。

これに対して、アメリカ側は単純にこんなオーダーしかくれない顧客は重要な顧客とは認定できないとのスタンスをとるケースが多い。そこで、アメリカ人は、よりビジネスライクな反応を示し、時にはサービスの内容まで削ってしまう。また、最悪の場合は、これでは投資に見合ったビジネスは期待できないと、ビジネスの関係そのものを解消したりということも起こってしまう。

日本側から見れば、これはまだまだテストケースであるために、相手のこうした対応に失望するということになり、ここに悪循環が生まれてしまう。

── *視察旅行に懐疑的なアメリカ企業*

こうした日米間の企業文化の違いがもっとも端的に表われるものの一つが、日本人がよく行う「視察旅行」ではないだろうか。

まずアメリカの実情を把握してという理由で、数々の視察団がアメリカを訪れる。工場見学、売り場の視察などならまだしも、なかには先方の経営者との懇談会なども盛り込まれた視察旅行。

アメリカ側は、日本からのビジネスの可能性を期待して、こうした訪問にもまずは友好的に対応する。とはいえ、その時点でア

メリカ側に戸惑いがないかといえばうそになる。すなわち、アメリカ・サイドから見れば、何が目的で日本人がやってくるのか分からないのだ。

アメリカ人は具体的なビジネス上の打ち合わせがなければミーティングを持ったりはしない。視察団が単に表敬訪問と言うものだから、もしそれを言葉通りにとらえれば、会うだけ時間の無駄になるかもしれない。しかし、きっと何か打ち合わせたいことがあるのだろうと期待をもって、彼らは日本人を歓迎しようとする。

これは、アメリカ人がまずビジネスを行い、そこから人間関係を開発しようと考える典型的な例である。ビジネス・アジェンダ、すなわち具体的な目的がなく、ただ視察にくる日本人を彼らは不可解に思いながらも、多分そんなことはないだろうという期待を持って迎えるのだ。

さて、いよいよ視察団が到着した。日本側には英語を話せる日本人コーディネーターがいて、アメリカ人が何を聞いてもその人物しか口を開かない。そのうち、記念撮影ということでアメリカ人と日本人とが一緒になってカメラにおさまる。その後工場を見学し、彼らはあちこちでフラッシュをたき、時にはサンプルをせがむ。

結局話らしい話は何もないままに、彼らは帰ってゆく。そして、その後も何も起こらず。ひどい場合はお礼の手紙もない。アメリカ側から出した提案も検討されているのかすら分からない。

このようなことが続いたから、アメリカ側も次第に日本人への対応に疲れ果ててくる。なかには、さまざまな視察を行った末、日本でアイディアを盗用したとしか思えないような小売店や商品

がお目見えしたりで、単にアメリカ側のメリットにならないだけではなく、自らのビジネスにも悪影響を及ぼすような結末を招いていると知って、アメリカ側はますます警戒したという事例もある。

視察旅行で相手を訪ねることを、ちょっと英語をかじった日本人は「コーテシー・ビジットcourtesy visit」すなわち表敬訪問といってアメリカ側に説明する。

「コーテシー・ビジット」は、英語としては正しい表現なのだが、外国の王室が工場を視察するわけでもなし、対等の立場に立つ日本の同業者がビジネス目的もはっきりせず「コーテシー・ビジット」をしたいと言っても、相手にはなんのことかさっぱり分からない。

まず、交流を深めて、そしてビジネスをという日本人の考え方に沿えば、「コーテシー・ビジット」はごく当たり前のことかもしれないが、日本側は将来的なビジネスの可能性など何も考えず、旅の恥はかき捨てとばかりに、土足で人の事務所に上がりこんでくることも過去にはあった。

いずれにしろビジネスを優先させ、タイム・イズ・マネーという考え方に徹しているアメリカ人から見れば、こうした日本人の行為は、ミステリー以外の何ものでもない。

── *チームは永続的なグループにあらず*

実は、こうした日米間のビジネス文化の違いからくるジレンマに苦しんでいるのは、アメリカ人だけではない。例えば、アメリカ企業の日本支社に勤める営業部員が、こうした日本独特のビジ

ネス文化をアメリカ側が理解してくれず、日本の顧客との間に挟まれて四苦八苦する事例もその典型だ。

　長期的な視野をもって日本の顧客とのビジネスに取り組まなければならないことは分かっていながら、比較的目の前にあるビジネス上の実績を優先させるアメリカ側が、単年度の実績で日本の顧客を評価し、本社サイドのバックアップのための人員を削減してきたり、日本支社での雇用を凍結したりといった対応を行ったりする。

　これでは日本のマーケットでの信用を勝ち得ることは難しい。

　「いえね。私の顧客は長年日本の業者との関係を培っていますからね。そこに新規で参入するのは大変なんです。しかし、問題はそれだけではないんですよ。アメリカ側にはアフターサービスという発想がまったくない。納品を済ませれば本社ではチームをさっさと解消して、次の顧客のために動き出す。でも日本では、より質の高いアフターケアを提供することこそが、さらに大きなオーダーを受注するための必要条件でしょ。そのあたりをどうして分かってくれないんでしょう」

　アメリカから進出してきたある電信機器メーカーの日本人営業員は、こうぼやいている。

　こうした問題の背景にあるのが、アメリカのビジネス文化に根付いているチームワークという考え方だ。

　よく、「チーム」という概念を「グループ」と混同する人がいるが、ビジネスの上で考えた場合、この２つの概念には基本的な違いがある。

　チームとはビジネスを完成させる目的、すなわちタスクを達成

させるために集められた人の集団を指し、その構成員はタスクを全うするために、自らに与えられた責任領域のなかで効率的に活動する。

それに対してグループとは、より永続的に構成された人間関係を指している。

それは特定のビジネスを全うするためというよりも、会社や部署を単位として構成され、その構成員は様々な業務に取り組むために、より親密に長い時間をかけて溶け合っている。そのために、チームに比べると、お互いの責任領域もそれほど明確ではなく、ことが起これば全員で対応し、ケース・バイ・ケースで個々の責任領域にこだわらず、守備範囲が膨らんだり縮んだりする。そして、グループはチームのように一つの業務が完成しても解消することはなく、全員で次のタスクへとさらに挑む。

アメリカ人は、ビジネスを行うための人の集まりを「チーム」ととらえ、日本人はそれを「グループ」ととらえる。

したがって、アメリカ人は一つのプロジェクトが完成すると、そのチームを解散することに躊躇せず、人々はそこで培われた人間関係から新しいプロジェクトでのチームに移動し、そこで別の人間関係を作ろうとするのである。

しかし、日本人は永続的なグループを指向するから、そのプロジェクトチームは永遠に自分たちのために存在し、たとえそれが解散しても、構成員は必要とならばいつでも戻ってきて協力してくれるものと期待している。当然日本の顧客もそのように思っている。

そして、この期待が裏切られるのだ。

同じチームがアフターサービスまで行ってくれると思っていると、そんなチームはどこにもない。また、担当者だった人に問い合わせてみると、それは私の責任ではないと思いもよらない冷たい応対を受けてしまう。

　「チーム」の発想で、それに加えてインディビデュアリズムを前向きの価値観として心に抱きながら行動するアメリカ人にとってみれば、それは当然の答えなのだが、日本側から見ればなんと無責任な、そして身勝手な行動かと失望するのみならず、顧客に申し訳がたたなくなってしまう。

　確かに、「チーム」の考え方に立って一定期間に個々の責任領域を決めてプロジェクトに取り組んだ場合、責任が及ばない部分が発生したときに、そこに穴があく可能性がなきにしもあらず。

　アメリカではそれを見つけ調整するのは、そのことによって被害を受けたり問題を抱え込んだりする可能性のある担当者の役割だが、その人が積極的にリーダーと交渉して自らの領域を広げるか、あるいは新たな人をそこに導入しない限り、グループでそれをカバーすることは難しい。最近では、個人の責任領域を定めすぎることによる弊害がアメリカでも問題にされ、担当者がプロアクティブに作用し、そうした問題点を積極的に解決するようなマネージメント、そしてリーダーシップの能力が問われるようになってきた。

　これに対して、日本型グループのなかにいる人は、個人というより、個人がグループに対して気を遣い、自己を犠牲にしてでも責任を皆で全うしてゆこうとする。そして、その精神論をアメリカの同僚にも期待してしまう。

しかし、アフターケアなど、未来に起こりうる問題点を明確に話し合い、それを誰がいかにカバーしてゆくかという戦略を事前に打ち合わせ、モチベーションを共有しない限り、アメリカ側は既に完了したプロジェクトに対して自らの時間は使わない。チームは永続的なグループではないのである。一つの目的が達成されれば即座に次に向かって移動する。日本人から見ればあまりにドライに過去の人間関係から離別してゆく。

　元々、祖国を離れ、家族と別れて海を渡り、新大陸に旅してきた人々の子孫であるアメリカ人は、ダイナミックに動くことをよしとする性格を有している。ある統計によれば、アメリカ人は平均すれば一生のうち18回は転居するといわれている。このことからも、日本人より、彼らははるかに移動することを当たり前な日常であると考えていることがうかがえる。特に、ビジネス環境が目まぐるしく変化する都市部ではそうした傾向が強く、人々は一つのチームから次のチームへと日々移動を繰り返してゆくのである。

── チームを通してキャリアパスをサポートしよう

　グループではなく、チームの発想でビジネスをする場合、自分は何のプロであって、その守備範囲はどこまでだということが明解でないと、チームは崩壊し、ファーストベースとセカンドベースの見分けがつかなくなる。したがって、アメリカ人は自らがプロでありたいためにも、さらにはチームのなかで自らの職を守る

ためにも、前章で紹介したジョブ・ディスクリプション、すなわち自らが責任をとるべき業務を明解にする。他人の領域を気をきかせようとしてカバーすると、それは相手の職域を侵したことになり、場合によっては大変な問題に発展しかねない。

よく、日本人がアメリカの会社に連絡を入れ、営業員などと話をすると、

「それは私の責任ではありません。バディの担当だから、彼に連絡をとってください」などという応対を受け、なぜ彼本人が窓口の責任者としてコーディネートしてくれないんだろうと不満をもらす人が多いが、こうした背景にあるのが、このアメリカ人の「責任領域」に対する考え方なのだ。

最近は日本企業でもアメリカ流のパフォーマンス・アプレイザル・システムを導入しているところが増えているようだが、それでもこの責任領域という考え方に従ったこの評価方法は、グループ指向の日本の会社にはなじまない場合が多いようだ。

したがって、日本企業のアメリカ支社などで日本流の責任のシェア（共有）の考え方を導入したければ、単に日本のビジネス文化をもち込むのではなく、アメリカ流にそれを変革させ、個人が自らの責任だけにこだわることから生まれるリスクをあげ、先に触れたようにプロアクティブにそれを改善することを、ジョブ・ディスクリプションのなかにも明記し、評価基準のなかに加えておけばよいわけだ。どういった行動がよりよい評価を受けることができるかをちゃんと実例をもって明示することが求められる。

アメリカ人は、現在加わっているチームを通して自らの実績を伸ばしてゆくことができると認識すれば、より熱心にチームプレ

イに参加してくる。

　そのためには、そのチームのリーダーは、チームプレイによって、その個人のキャリアをどんどん伸ばすことができる道筋を具体的に提示しなければならない。キャリアをどんどん伸ばして、プロとしての技能を高めてゆく道筋のことを「キャリアパス **career path**」というが、アメリカ人は、自らの「キャリアパス」のためにも、この業務が役に立っていると理解できれば、実に積極的に仕事をする。

　会社としては、こうした「キャリアパス」へのアメリカ人の考え方をサポートするためにも、従業員に教育の場を設けることを考えたい。

　アメリカや欧米の企業では、大企業ほど研修の機会も多く、仕事場での個人の能力の向上に貢献している。企業によっては、従業員が年間に受けなければならない研修の単位を設定しているところもあり、その規定に従って、従業員は様々なコースを選んで研鑽を積んでいる。

　これは逆説的な発想かもしれないが、個人のキャリアパスをサポートし、たとえその結果より高度な職を求めて社員が他社に移動するリスクがあったとしても、敢えてどんどん教育の機会を与え、チームのなかでもキャリアパスを考えながら従業員を動機付けることのできる会社の方が、人材も集まれば、結果として優秀な人物がより長く貢献してくれることになる。

　これは、アメリカでよりよい職場環境を築いてゆく上で、必要不可欠な政策の一つなのである。

—— 日本の常識を超えることで
　　世界の常識に融合できる

　ビジネス、すなわちタスクを常に主眼に置き、タイム・イズ・マネーでどんどんアプローチをしてくるアメリカ人。彼らはそのビジネス文化のゆえに時にはうとまれ、失敗もする。

　特に、日本のように、伝統的な人間関係にのっとって業務を遂行している国から見れば、アメリカ人はせっかちで押しつけがましく、時には横着にすら見えてくる。

　ただ、日本側ももっとアメリカに歩み寄ってもよい。少なくとも、決裁のプロセスを短縮し、より合理的にビジネスを展開してゆく環境を整えることは、世界経済がよりダイナミックに変化してゆくなかでの日本企業の生き残りを考える上で重要なことだろう。

　そして何よりも大切なことは、本書で解説してきたことでお分かりのように、日本人がアメリカ人はどうもと首をかしげ、アメリカ人の従業員の昇進を認めなかったり、アメリカ支社にもっと独立した権限を与えなかったりする背景には、日本人側がアメリカとのビジネス文化の違いに気付いていないがゆえの誤解も多くあるということを、知ることである。

　文化が違えば常識も違うということ、そして、自らの常識だけにこだわって、本社の文化や日本の規範を常に基準とすることの危険性を、われわれは改めて考える必要がある。

　それをせずに、「まだ私のところのアメリカ人は素人なんですよ」

とか、「いえね、アメリカ人には怖くて任せられませんよ。だからいつも影に回ってこっそりと本社とコーディネートしているんです」などと言っていると、ますますアメリカ人との間の距離が広がってしまう。もちろん、こうしたことを続けていると、ことアメリカ人に限らず、そう遠くない将来に、日本人自体が世界から孤立してしまう。

「ときどき、日本人特有のプライドというか、国家意識っていうか、そういったものを感じていやになります。何か日本はすべてにおいて進んでいて、われわれを実に愚かな国民のように思っているんじゃないかって感じますよ」

このコメントはすでに紹介したが、アメリカでもヨーロッパでも、そして東南アジアでも、私はこうした文句を頻繁に耳にする。

そして、こうしたコメントをもつ外国人が増えれば増えるほど、日本企業が海外で様々な抗議行動や訴訟、そして生産性の低下に見舞われる可能性も増えてくる。

そのためには、日本人が海外と仕事をしてゆくスタンス自体にメスを入れながら、現地の人と積極的に交流し、世界に向けた企業として、あらゆる人々に開かれた思い切った人事政策を実施してゆくことが大切だ。

──「責任感」のある行動も 文化が違えば異なってくる

えてして海外でのトラブルは、現地のことは現地に任せるべきだという判断のもと、中途半端に権限を現地に移譲している場合

に起きてしまう。当然、現地の従業員を将棋の駒のように使い、彼らに決裁権も何も与えないでいるようではビジネスは思うように発展しない。そこまでは誰でも分かっているから、それではできるだけ現地の人材を活用しようということになるわけだが、そのときに中途半端に現地化を実施し、その状態がずるずると長期にわたって継続したとき、様々なトラブルが発生するのである。

「いえね。あれこれ言っても商社の仕事は違うんですよ。そこのところを分かってもらわないと、あらゆる議論が無駄になるんです」

「われわれには企業の哲学があるんですから、そこまで変えてしまえば、企業としてのパワーの源自体が枯渇してしまいます。いかに企業としてのアイデンティティを現地の人に理解してもらい、そのガイドラインに従ってプロとして育ってもらうかが課題なんです」

「よく日本でいうクレナイ族がアメリカにも多いですね。こちらから教えてくれず、何もしてくれないので、仕事ができなかったと言ってくる。こんな人ばかりがいるうちは、うちも現地に仕事は任せられませんよ」

アメリカをはじめとした海外で、こうしたコメントをする日本人駐在員によく出会う。これらのコメントは一見もっともらしく聞こえるが、そこには致命的な落とし穴がある。

こうしたコメントの背景にある企業人としての「責任感」、そして「プライド」とはなんだろうかと改めて考えてみる必要があるのだ。もちろん仕事にプライドをもち、責任感をもつことは悪いことではない。しかし、こうしたプライドこそが、もっとも日本文化に直結したもので、海外の人々とは共有しにくいものなのだ。

何をもって責任感といい、プライドというのかは、文化によって異なるのだから。

外国にはそれぞれの文化背景に根ざしたプライドがあり、そのプライドが彼らの仕事のパフォーマンスにそれぞれ特有の行動パターンを作りだす。その行動パターンは彼らなりの責任感に裏打ちされ、彼らなりのキャリアに対する指向や意識によって規定される。それを、日本流の行動パターンで規定しようとすると、彼らはただ混乱して生産性も低下する。

例えば、アメリカという異文化のなかで、「仕事をどんどん自分で創り出すような部下が欲しい」と日本人の上司が思ったとする。この言葉自体はアメリカ人にとってみても別に問題はない。しかし、その方法はとなると、日本人とアメリカ人とではかなり異なる。

特に、すでに記したように、日本人の指示の表現がアメリカ人からしてみると曖昧極まりないものなので、仕事を進めて行くうちに、両者の間にだんだんと誤解が蓄積し、ぎくしゃくとしてくる。つまりアメリカ人は言葉による明解で具体的な指示を要求する。それは、自分の行動が上司の望む方向と合致し、会社の利益とつながっているかどうかということを確認するためであり、フィードバックを受けるためでもある。しかし、こうしたときに日本人がアメリカ人から送られるサインに気付かずに中途半端に対応するために、アメリカ人は自らの方向性を失い、ますます不安になり、より具体的な指示をもらおうとして日本側にコンタクトをする。それが、日本人にとっては奇異に映り、いちいち手とり足とり教えなければ何もできないのだろうかというコメントとなって返ってくるのである。

── 悪循環へのラインを切断し、新たな企業文化を創造しよう

　結論から言うと、文化も違えば人の考え方も違うということを頭では理解していながら、自らの企業文化から抜け出せずに、そこから物事を決裁し、判断する場合、往々にして摩擦が起きるのだ。
　「いや、商社の仕事は違うんです」とか、「われわれの企業哲学は──」などと言うときに、それがどう違うのか言葉で具体的に説明できるかどうか、反芻してみたい。もし具体的に説明できたとして、それを今度は自らの母国である日本の文化背景と照らし合わせて、日本のどの価値観からそれがきているのか、確認してみるとよい。そこには必ずなんらかの日本流の価値観とのリンクがあるはずだ。
　しかも、一見その価値観は海外と共有できると思えた場合でも、果たして本当にそうなのかよく検討する必要がある。
　すでに解説したように「インディビデュアリズム」や「オプティミズム」、あるいは「イコーリティ」という、人の価値観を表現する単純な言葉ですら、日本人の頭の中にインプットされたときと、アメリカ人の頭の中にインプットされたときとでは、その認識が大きく異なり、そこから現れる行動様式も違ったものになることが多いのだ。
　したがって、海外では自らの企業文化を即座に適応しない方がよい。時間をかけて、双方が歩み寄り、相手の風土と自らの企業文化とを擦り合わせて、双方の文化の強い面を混ぜ合わせ、独自

の企業文化を創造するよう努めるべきである。そのことを、現地のみならず、本社の経営陣もよく理解しておかなければならないことは、言うまでもない。

　実は、2つの異なる文化が混ざり合ってビジネスを展開するとき、こうした異文化の行き違いにより、一時的に生産性が低下し

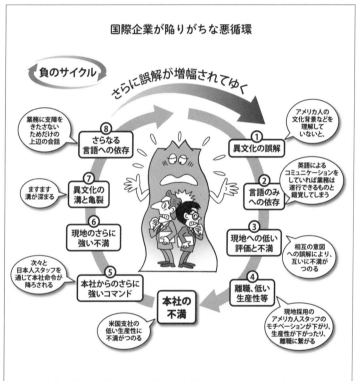

国際企業が自国の常識のみに従い、海外の出先の人を評価すると、往々にしてこのような悪循環が繰り返され、現地のモチベーションが下がり、企業力が低下する。

たり、人間関係が思うように機能しなかったりするのは、ごく自然な成りゆきなのである。

そこで、生産性が低下したり、物事がうまく進まなくなったりするのは、いわば免疫を作るために体が抵抗し、闘っている状態だと思うとよい。そして、それを乗り越えて、新たな企業文化を

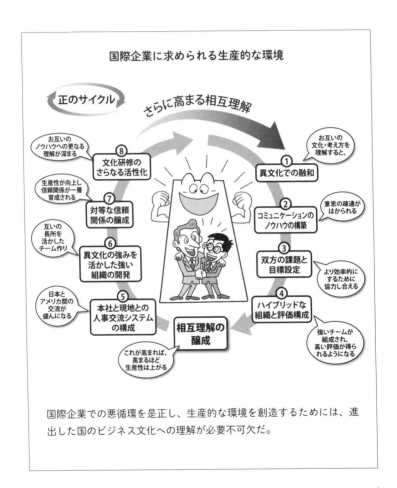

創造したとき、それは単一の文化のもとで活動している企業よりはるかに視野の広い、創造性のある企業へと進化する。

その過程をよく理解して、単純に相手に対する批評に走らず、悪循環へのラインを切断する努力ができる人こそ、国際舞台で本当に活躍できる人材と言えるのである。

建設的な職場環境をつくるために、日本人がとかく言いがちで、誤解の原因となるコメントに注意しよう。

- 日本人が海外の人に、日本の市場や社会の状況を説明するときに言いがちなのが「**Japanese market is unique.** 日本の市場は独特（ユニーク）でね、他とは違うんですよ」というフレーズ。このような発言は多くの人に「どこの国だってユニークさ。なんで日本だけ特別扱いするんだろ?!」という反応を引き起こしてしまう。

- 日本の事情を知らない相手が提案をしたとき、日本人はまず「**I think it is difficult.** これは困難だね」とコメントしがち。最初から否定的な表現を使われることにがっかりするだけではなく、「じゃあどうしたらうまくいくの？」とくいさがられることも。だから、なぜ困難なのか、どうすればよいのか、またはNoならNoと言って、なぜNoなのか理由をしっかり述べることが大切。

- 例えば、「日本には美しい四季があります」など、日本のお国自慢はいいのだが、気をつけなければ「どこにだって四季はあるよ。なぜ自分たちだけが優れていると思うんだい」と反発されることも。相手の文化にも敬意を表し、お互いに褒めあう姿勢が大切。

第8章
「イコーリティ」の本質を忘れずに

── *謙虚にという忠告を侮るな*

　このように、文化が違えば思わぬところに落とし穴があり、誤解が拡大する。逆に言えば、海外でよい職場環境を創造し、ビジネスの場での円滑な人間関係を培うには、そうした文化の落とし穴にできるだけ早く気付き、それに対して対策を練らなければならない。

　まずは、アイコンタクトなどに代表されるコミュニケーション・スタイルの問題を認識し、相手と心地よくつき合えるようなスキルを修得し、さらにはジョブ・ディスクリプションからパフォーマンス・アプレイザルに至る過程のように、文化の違うところで育った者からは見えにくいビジネス上の習慣を理解し、それに合

わせた対応を考える。

　この2つをうまくこなして、初めて人との交流がうまくいくのである。

　こうしたプロセスを疎外するものはいくつもある。偏狭なプライドや極端な一般化、硬直した組織や、異文化に対する企業哲学の押し付けなど、そうした要因のうちどれに自ら、あるいは自らが属する組織がとらわれているか、じっくりと反省する機会をぜひもってみたいものだ。

　何よりも強く求められる心がけは、謙虚さと柔軟性である。小学校の道徳教育じゃないぞと思われるかもしれないが、実は、異文化と接し、それをうまくハンドルできないときに、人間が柔軟性を失ったり、自らのアイデンティティを守るために、傲慢になったりすることは、ごく一般に起こり得ることなのだ。特に、思い込みの知識によって武装し、異文化の落とし穴を軽視したがための失敗がもたらす代償は大きいのである。

　ここに一つの例がある。この人物はアメリカに合計10年駐在した銀行員である。彼は長いアメリカ駐在を通してアメリカ人のものの考え方を理解し尽くしたつもりでいた。

　そんな彼のところに、ある日顧客が訪ねてきた。その顧客は日本人で、アメリカにオフィスを設けるためアメリカで口座を開かなければならなかった。そこで彼はその新規の顧客の担当者として日本人の女性をアポイントした。ところが、その顧客がその女性にプライバシーにかかわる質問をし、体にタッチまでした。そこで、女性行員が彼に報告を行ったが、彼はそれを聞いて次のように言った。

「それは困ったね。いずれ適当な折をみて、それとなく顧客に注意しておくよ。なにせ相手はお客なんで、すぐにアクションを起こせないしね。いや、でもそれは君がもてる証拠だよ。ハハハ」

彼から見れば、彼女は日本人だから、自分のジョークが通じると思っていた。第一、彼女はアメリカ人ではないわけだし、アメリカの女性ほど差別やセクハラ問題にはピリピリしてはいないだろうとある意味ではたかをくくっていた。さらに、これは顧客の行為が問題なのだから、糾弾されるのは顧客だと勝手に解釈し、思い込んでいたのである。

さて、その数カ月後に銀行はその日本人女子行員に訴えられた。顧客の行為によって従業員が差別を受け、その会社がそのことでしかるべきアクションを起こさなかった場合、その従業員は自らの会社を訴えることができるのである。もちろん、アメリカの領土のなかであれば日本人であっても訴訟を起こすことはできる。

有名なケースにパンナム（パンアメリカン航空）のケースがある。これはかなり昔のケースだが、旅客が喜ぶだろうということで、フライト・アテンダントに女性しか採用しなかった同社が、男性の志願者から訴えられたのがそのケースで、その裁判でも、顧客の希望を理由にして自らの従業員を差別した場合、その会社は責任をとらなければならない旨の判断が提示された。

これと同じように、もっと日常のコミュニケーション・スタイルの問題一つをとっても、あちこちに落とし穴がある。謙虚で柔軟でなければ、あっけなくその穴に落ちてしまうだろうし、落ちてしまったあとのリカバリーもさらに困難になるはずだ。

── すべての課題は
イコーリティに集約する

　振り返ってみたいのは、アメリカにおける平等、すなわちイコーリティの概念だ。というのもイコーリティの概念こそ、アメリカの理想であるとともに、アメリカ社会の矛盾の源泉にもなっている複雑な概念なのである。

　そして、われわれは単にアメリカを賛美したり批判したりする前に、じっくりと科学的な目をもってこのイコーリティの概念を見つめる必要がある。

　ここで、アメリカのどこにでもある田舎町のことを考えてみよう。

　その昔、海外からの入植者が、海の向こうから手にもてるだけの家財道具をもって新大陸に上陸し、森を開墾し、山や谷を切り拓く。

　彼らの多くはヨーロッパで、プロテスタントの一派であるということから、カトリックを信仰する為政者から迫害を受けた人々だった。彼らが新大陸に逃れてきて、土地を開墾し、やがて町を造る。町の中心に教会を建て、そこに皆で集まり共に暮らすためのルールを決める。そして自らの信仰に従って子供の教育を行い、次第に年月が経って町も成長しはじめる。

　さて、そんなとき、独立戦争が起き、アメリカ合衆国という国家が誕生した。

　彼らは、ヨーロッパの旧体制を象徴する為政者の恐怖から逃れ、

新大陸で自らの信仰の自由のために生活をしていたわけだから、イギリスが植民地を強くコントロールしだしたことに反発し他の町とも連携して立ちあがり、独立戦争を通してヨーロッパの強い権力を排除した。

さて、彼らはこれで本当の自由を獲得したと確信した。これで、自分たちの町のことを自分たちで決め、誰からも強く束縛されることなく、収穫を喜び、それをより大きな町にもって行ってお金に換え、必需品に換えて、生きてゆくことができる。

ところが、そんなとき、今度はアメリカ合衆国という新しい権力がワシントンDCに生まれ、税金はこのようにしろとか、国の法律はこうだとか言いはじめた。

そこで、町の人々は、これはわれわれを拘束する新しい権威だと反発し、自らの自由と平等の権利を守るために議員を送り、国が「おらが町」のことに立ち入ることに抵抗する。なかには、そんな中央政府は受け入れるべからずと、ちょうどアメリカがイギリスから独立したときのように「ミリシアmilitia」、すなわち民兵組織を作って抗議しようとする者まで現れる。

そうしたなかで南北戦争が起き、その結果中央政府はどんどん力をつけ、もう武力で政府は倒せないということが常識となる。しかし、その後アメリカが成長し、移民がどんどん流入して、国際社会との交流も活発になると、こうした「おらが町」の人々の恐怖はさらに強くなる。

「中央政府はわれわれの敵」というスローガンのなか、ついにはまたまたミリシアを組織し、テロ活動を行う者まで現れる。95年の冬にはオクラホマシティにある連邦政府を爆破し、自らの生活

職場での「平等」とは

1776年（独立宣言から）

We hold these truths to be self-evident, that all men are created equal, that they are endowed by their Creator with certain unalienable Rights, that among these are Life, Liberty, and the pursuit of Happiness...

全ての人は平等に創造されているということは神が保障した自明の真理であり、侵すことのできない権利である。その権利とは生命、自由、そして幸福を追求する権利を意味している

1964年（公民権法から）

Outlawed discrimination based on race, color, religion or national origin in hotels, motels, restaurants, theaters, and all other public accommodations engaged in interstate commerce...

ホテル、モーテル、レストラン、劇場など全ての州の公共の場において、人種、肌の色、宗教、出身国によって人を差別することを違法とする

Present（現在のミシガン州の機会均等法から）

The Civil Rights Act prohibits discrimination based on religion, race, color, national origin, age, sex (including pregnancy), height, weight, disability, genetic information, or marital status.

公民権法は、宗教、人種、肌の色、出身国、年齢、性別（妊娠の有無）、背丈や体重、障害の有無、遺伝子情報、婚姻状況などによる差別を禁止する

職場での平等を考えるとき、実はアメリカという国が独立して以来、常に「平等」というテーマでの試行錯誤を繰り返してきたことを知っておきたい。アメリカが独立した頃は、資産を持った成人（白人）男性のみに平等の権利が付与されていた。その後、様々な差別問題を克服して、法的に全ての人に平等の権利が保障されたのが、公民権法が施行された1964年のこと。それを受けて各州で、公民権についての様々な法律が施行され、今も社会情勢の変化に合わせて改正されている。ここではミシガン州での「職場での平等」を規定した法律の一部を参考までに掲載した。ミシガン州の法律では、何をもって差別をしてはいけないのかという対象が、より具体的で詳細になっていることがわかる。

を脅かす移民を排除し、究極の新天地を創造しようと、彼らなりの革命運動を展開した事例まで発生した。

しかし、一般の人はもっと穏やかに考える。「おらが町」は大切だ。だが、国がここまで大きくなった以上、国から保護してもらい、自らの国の繁栄のために貢献することも悪いことではないと大多数の人は思うようになる。そこで、「おらが町」の権利と国の影響との間に立って、うまく妥協したかたちで生活をしてゆこうと考え、彼らの意見を代弁してくれる政治家に、投票をするのである。

── *民主党と共和党の政策論争は独立戦争にまで遡る*

このストーリーは、アメリカの地方での価値観の根本を語ったものだ。

アメリカ人がイコーリティの概念を初めて意識したのは、東部13州がイギリスから独立する過程である。

イギリス本国へ代表を送ることができず、本国が一方的に植民地に課税してきたことがアメリカで独立運動が起きるきっかけであったことは周知の事実であろう。植民地を本国と平等に扱ってほしいという要求が無視されるなか、元々ばらばらだった植民地が一つにまとまり独立戦争を始めたわけだが、最終的に独立戦争が終わり、アメリカ合衆国が成立したとき、そこに国家としての強い絆があったかというと、そうではない。

独立という大義名分のために集まった州が、いざ独立してみると実はばらばらで、わざわざ一つにまとまる理由が見つからない。

一つにまとまるよりも、むしろそれぞれの州で自らの事情に合わせて利益を追求したほうがよいのではないかと思った政治家たちは、国家という強い枠組でむりやりすべてを統率してゆくことに強く反発したのである。

そうした人々は、その後長い間にわたって、政府のなかで統一国家を造ってゆこうという人々と、政策面でも立法面でも対立してゆく。彼らの政治的なスタンスの背景にあるのは、中央政府の権力をそいで、地方政府を中央と平等に、あるいはそれ以上に扱うべきだというものだった。そして、その伝統は現在にも受け継がれ、アメリカの制度に様々な影響を与えている。

日本人はアメリカでのイコーリティを見るとき、すぐに人と人との間の平等の概念だけを強調するが、行政や司法、あるいは議会における制度上の平等については、あまりスポットを当てずにいる。

アメリカでは、今でも地方の力が強く、常に中央に対して自らの平等を主張している。したがって、人権一つをとっても、州によって解釈が違う。たとえば、日本企業の現地支社にとって常に注意しておかなければならない雇用に関する機会均等を保障した法律を見ても、連邦法とそれぞれの州ではその規定に往々にして違いがある。

さらに有名な話では、銃の所有を禁止している州や容認している州、死刑のある州やない州など、時には連邦政府の規定以上に州の力が優先されることもある。また、教育制度をとってみても、町々で地方地方で子供に対する教育のカリキュラムも違えば、教えている内容だって大きく変化する。日本のように文科省の指導

のもと、全国津々浦々まで均等な教育を行うことは、アメリカから見れば奇異なことこのうえない。

そして、このように地方政府の力をサポートし、中央政府の力を抑えようという動きを代表しているのが共和党ということになる。

それに対して民主党は、人権を守り、弱者を救済するためにも、中央政府の強化が大切だと説いている。

── 州と連邦政府との関係がビジネスに思わぬ影響を与えている

こうした背景によって政策論争を展開する共和党と民主党にあって、常に議論の対象となっている政策の一つに「アファーマティブ・アクション **affirmative action**」がある。

真の平等を実現するためにも、力のないマイノリティ（アフリカ系アメリカ人やラテン系など白人層に比べれば少数派の人々）に雇用や就学面などで優先権を与えるべきだという考え方にのっとって制定されたのが、このアファーマティブ・アクションという法律であり制度である。

これに対して、共和党などに代表される人々は、こうしたアクション自体が特定の人々に特権を与えるもので、平等の原則に反するものだと主張する。

さて、このイコーリティをめぐる議論が思わぬところでビジネスに影響を与えていることを知る人は少ない。

たとえば、現在連邦政府は民主党のオバマ政権によって運営さ

れているため、当然連邦政府に関係する多くの組織では、アファーマティブ・アクションが維持されている。そして、企業が連邦政府からビジネスを獲得する場合、その企業がアファーマティブ・アクションに従ってマイノリティを雇用しているかどうかを審査する。

しかし、州が個別にアファーマティブ・アクションを撤廃すれば、同じ州内にあって州政府と連邦政府の施設とでは、企業への発注の基準が異なってくることになる。

こうしたことから、弁護士は単にそれぞれの専門領域に従って仕事をするだけではなく、自らの州の規定がどのようになっているかを訴訟などの判断の基準にしているのである。実際、弁護士の資格は州別に獲得するのが常で、ニューヨーク州とカリフォルニア州とではそれぞれ異なった弁護士に訴訟対策などを依頼しなければならないのだ。

そして、こうした中央政府と地方の権利という制度の問題を縦糸とするならば、人種や性別上での平等という、人々の権利を定めた規定こそが、アメリカという複雑な織物の横糸となっている。

もともと、「おらが町」の権利だけを強調していると、この人権との矛盾が露呈する。「おらが町」の人々は、自らが切り拓き建設した町を守り、開墾した農場を守ろうとする。そして、時にはその町を造ったときの理念ともいえる宗教的な価値観をも維持していこうとする。したがって、新たな移民がその町に流れてきて、自らの仕事を奪い、町の雰囲気が変化しだすと、彼らはそれを排除しようと抵抗する。それが、人種間の差別になり、時には血が流れるような悲惨な出来事に発展したりする。

これこそが、制度の上でのイコーリティの矛盾なのである。

そこで、これではいけないということで、移民たちの権利を守り、人々の自由と平等、そしてなによりも人権を保障して、アメリカが誕生したときの大原則を徹底しようと、連邦政府が法律を制定した。それが、1964年に生まれた「シビル・ライト・アクト **Civil Rights Act**」、すなわち公民権法なのである。海外から進出する企業も、この公民権法はぜひ頭に入れておく必要がある。

特にタイトル・セブンと呼ばれる第7条には、職場での人権や平等の問題が細かく明記されている。

セクハラの問題など、職場での人権を考える上で注意したいのが、このタイトル・セブンの規定によって影響を受ける雇用や昇進、そして解雇に関するプロセスなのだ。

── *昇進の問題は特に日系企業の火種となる*

最近では、先に説明したアファーマティブ・アクションの例も示す通り、マイノリティの権利に対して様々な議論が展開されている。

日本の会社でも、マイノリティから訴訟が起きたケースはかなり多い。ある商社では、フィリピン系のアメリカ人とインド系のアメリカ人とが、自分たちが昇進できないのは、自分たちが日本人ではないからだとして、職場での人種差別を理由にその会社を訴え、会社が多額の和解金を支払ったケースがある。

あるいは、2人の白人女性が、中国系の女性が昇進できたのに、

自分たちが昇進できなかったのは、日本の会社がアジア系を優遇しているからだという訴訟が日系の銀行で起きたケースもある。

こうした、訴訟を防ぐためには、ジョブ・ディスクリプションからパフォーマンス・アプレイザルへの過程を徹底させ、ビジネスの現場で適宜フィードバックを行うことが最善の策となることはすでに何度も解説した。

また、日本人だけがマネージャーとしてアメリカに送られてくることへの現地の反発も十分に考慮する必要がある。これを俗に「ライスペーパー・シーリング **Rice Paper Ceiling**」と呼び、それを著書であらわした人もいる（*RICE PAPER CEILING*, ロッシェル・カップ著, Stone Bridge Press刊）。

すなわち、もともと特定の人だけが会社の上層部を独占するために、一般の人の昇進の機会が妨げられることを、頭の上にガラスがあって、そこから上には登れないことから、グラス・シーリングと呼ぶが、日本の企業の場合は、その言葉から転じて、ガラスの代わりに和紙を比喩に使い、ライスペーパー・シーリングというのである。

ただ、法的に言うならば、日米間で取り交わされた通商協定によって、日本の企業がアメリカに投資する場合に、現地のオフィスに日本人のマネージャーを派遣することは認められている。そして同様の協定に従って、アメリカの企業も日本で同様なことを行っている。しかし、それも程度の問題だ。

多くの日系企業では、重要なポジションのほとんどが日本人で占められていて、現地の人に権限を与えない。本社の取締役に外国人が任命されているケースも稀にしかない。

また、社内での女性の昇進やマイノリティの雇用を暗黙の了解のもとに控えているケースもかなりある。

　特に、最近では日系企業の規模が大きくなり、アメリカの法人として成長してきていることから、単に日米の通商協定を適応すれば言い訳ができるかというと、そうも言えなくなってきている。

　したがって、こうした雇用に関する機会均等という側面から見ても、能力のあるアメリカ人をどんどん昇進させることが必要である。そのためにも、すでに解説したアメリカ流の仕事の仕方を理解し、相手の能力を過小評価せずに、あえてチャンスを与え、新しい機会にチャレンジすることを奨励するような職場環境を創造しよう。

　仮に、そうしたことを励行した結果、残念なことに一部の社員の成績が悪く、社内での行動にも問題がある場合は、即座にその人を解雇するのではなく、十分に警告を与え、改善を求め、それでも相手が応えてくれなかったときのみ解雇に踏み切ることをすすめたい。

　解雇にあたっては、必ずそのプロセスの始まりから、雇用法専門の弁護士のアドバイスを受けなければならないことは言うまでもないことだ。

　このように、人を人種とか性別で判断せず、その人個人の資質で判断して、採用や昇進を行い、適宜フィードバックを行って、現地の人に責任を与えてゆくようなシステムを完備すれば、悲しい訴訟などを防ぐのみならず、職場での業務効率も大きく改善される。

　また、企業イメージという面から見ても、マイノリティや女性

に対して積極的に門戸を開いておくことがいかに大切かということは、アメリカで生活していれば実感できる。

── *ホスタイル・エンバラメントを払拭せよ*

企業がセクハラや職場での差別などで訴訟を起こされる理由の一つに、「ホスタイル・エンバラメント hostile environment」というのがある。

これは、実際にセクハラ行為がなかったとしても、オフィスのなかで女性が差別されるような言動があったり、日本人だけが重要な決裁を行い、情報を一般の従業員に開示せずにいたりといったことから、職場でのエンバラメント、すなわち環境が働きづらい環境になっているということを示す言葉である。

ホスタイル・エンバラメントが従業員などによって証明されれば、それは会社を訴える十分な理由となる。

「いやそんなことを言ってもね、アメリカ人だって女性についてのジョークを言ったりしているよ」

以前私にこのようにコメントした人がいるが、問題はそれがいつどこで、どんな状態でということだ。

日本人は、アメリカの常識にかなったジョークを言うべき適切な場やタイミング、そして表現方法を知らずに、よくこうしたコメントをする。これは大変危険なことだと思った方がよい。

ジョークはできるだけ慎重にしたい。

一例をあげれば、よく日本人は「うちのかみさんは怖くてね。それに料理もひどいんだ」などと言って、冗談のつもりで自らの

奥さんをこのように卑下したりする。これはジョークとしては通らないリスクがある。まず、それは女性は家の中にいて料理を作るものということを規定している古い考え方だし、さらにアメリカでは、家族や部下という内の人間を卑下することを謙遜とはとらず侮辱と解釈する。家族のよい面、部下のよいところを人前で強調する方が、人は好感をもってくれる。

職場でホスタイル・エンバラメントを作らないようにするには、まずはすべての人を平等に扱うことと、働いている人が職場に貢献していることを常に言葉で示すことであろう。政治的な発言は、相手の政治的な立場が分からない以上は差し控え、むしろ積極的にアメリカの従業員から学ぶ姿勢で、その日の新聞などに書かれたことについて質問してみるのもいいかもしれない。そうした積極的な対応が、アメリカ人との交流を促進し、ホスタイル・エンバラメントを解消する。すでに説明した様々なコミュニケーション・スタイルや日米のビジネス文化の違いを認識することが、よい職場環境作りに貢献できる近道であることも、いまさら繰り返すまでもないだろう。

そして、職場の環境をオプティミスティックな環境に変えてゆくことをすすめたい。要はアメリカ人と情報を共有しながら、未来指向をもって新しい発想をどんどん取り入れ、それを積極的に推進する姿勢をもつことだ。

ただし、アメリカ人が行ったプレゼンテーションを承認したならば、常にその進捗状況について話し合い、その結果に対しても責任をもってもらうことを忘れないようにしよう。アメリカでは、初心者にはできるだけ細かい指示と指導を怠らず、上級者にはで

きるだけ独立した環境を与え、自らの決裁でビジネスが展開できるような環境を提供するようにしたいものだ。

また、未来指向といっても、達成するのに何年もかかるような目標を設定し、それをプロジェクトとしてジョブ・ディスクリプションやパフォーマンス・アプレイザルなどを通して部下に与えるのも控えよう。日本人はよく激励の意味をこめて、こうした長期の展望を実際の指示として与えたりする。

これは、アメリカ人にとってみれば曖昧であり、かつ理不尽にしか映らない。そうした、長期的な目標を、いま与えている仕事を積み重ねればこのようになるぞという激励のために使用するのはよい考えで、会社のヴィジョンとしては是非提示しておきたい。だが、実際の指示はもっと具体的で、達成可能なもの、段階的でその期間にターゲットとして視野に入るものであるべきだ。

「いやいや、新しい文化を吸収するのはゴルフをするようなものでね」

すでに紹介したニューヨークで活躍する企業コンサルタント、ジョン・ギレスピー氏は次のように強調する。

「理論では分かるんですが、実際にボールを打ってみるとどこに飛んでいくか分からない。これを克服するには何度も練習することと、時にはよいコーチにつくこと以外に上達の道はないんです。異文化で人とコミュニケーションすることもまったく同じことなんです」私もまったく同感だ。では誰がコーチになるか。職場のアメリカ人で自らが信頼でき友人としてもつきあえる人がベストであろう。また、同時にプライベートなアメリカの友人からも、客観的なアドバイスをもらえるようにしたいものだ。要はそうい

う人が多くいればいるほど、職場の環境は改善される。

　日本側にもアメリカ側にも極端に偏らず、双方に好感をもってコメントできる、異文化を体験したことのある人物が、こうしたアドバイザーには最適である。

── 多様性を受け入れ、試行錯誤を いとわない企業を創造しよう

　アメリカでは年中訴訟が起きたり、イコーリティの問題があまりにも極端に語られたりするため、こんなアメリカとはつきあえないぞと思う人もいるかもしれない。

　ただ、ここでアメリカの歴史を振り返り、アメリカがいま世界に対して何をチャレンジしているかということを見つめてみたい。

　アメリカは世界のなかでも、移民によって国が造られ、成長し、世界中の文化を吸収し、それをアメリカ化することによって成功してきた希有な国である。したがって、ここでの試行錯誤は日本での試行錯誤とは違っている。移民同士の対立や、マイノリティと白人系移民との緊張など、アメリカならではの様々な要因で、アメリカという振り子は右にも左にも大きく揺れる。

　多様な人々が住むこの国では、明解な表現をしなければ、コンセンサスは得られない。喫煙は害だと主張するためには、それを制度として強く押し出さなければ誰もが理解してくれない。これが振り子が極端に揺れる理由の一つである。

　そのため、特にマイノリティは自らの権利を守ろうと強く出る。時にはそれは過剰なまでの主張となり、他の人が眉をしかめるこ

とも多くある。何が平等か、何が自由かという問題も、そうしたなかで常に揺れ、議論がつきないし、もちろんそのなかには矛盾もいくらでも見いだせる。別な表現をすれば、多様な人々が住むこの国は、常にダイナミックにうねりながら、すべてを自らの胃袋のなかに呑み込んで行く。それが時には消化不良も起こし、日本人から見れば、なんでそこまでといったような行動となって飛び出してくる。

さらに大切なことは、実は今世界中で社会が多様になってきていることをここで強調したい。特にイギリスやフランスなどヨーロッパ諸国では、世界中からの移民が根付き、まさにアメリカが経験してきたことと同様の試行錯誤を国家規模で体験している。似た事例は、シンガポールやオーストラリアなど、他の地域でも見受けられる。

だからこそ、アメリカで起きていることを学び、アメリカでの企業でのマネージメントのノウハウを学ぶことは、こうした21世紀のグローバルな環境での企業のサバイバルを考える上でも大切なのだ。

移民、多彩な人種や文化といった多様性が醸し出すネネルギー。このエネルギーを体験し、この国の自由と平等というテーマを見つめた試行錯誤を体験すれば、企業であろうが個人であろうが、もまれ抜いて強くたくましく成長する。実際、多様性diversityという言葉は、現在のアメリカの価値観を代表するものである。それは、世界中の多様な文化や価値観を尊重し、異文化を積極的に受け入れてゆくことを意味し、企業活動などでも強く求められている価値観なのだ。

そうしたことを考えて、この多様なアメリカで試行錯誤することをいとわずに、アメリカ社会そのものに企業が積極的に参加することを最後に強調したいのである。

　それにはアメリカ人もどんどん会社の中枢に参画し、アメリカの支社だけではなく、本社にもそうした人々の声が直接届き、支社が本社と同格になってゆくように、人材を育ててゆくことが大切だ。

　そして、これはことアメリカに限らず、海外に進出を行う場合、一様に考えなければならないテーマである。

　「日本人は、日本という核から外に出ては、また日本という島に戻ってゆく。日本人は日本人であるということにこだわり、そのことによって時にはその外の人間を外人として疎外する」

　すでに紹介したジョエル・コトキンは、このように語るが、似たようなコメントはあちこちで聞くことができる。

　日本人が海外に根付かず、日本に戻るということについては、それが長期的な視野で見れば、日本にとってもマイナスであるということは理解できる。海外に根付く日本人をもっと大切にしてゆくことは、海外のリソースをより効率的に日本に伝えるという意味では、悪いことではないだろう。

　しかし、そうした人材を増やしてゆくには時間がかかる。こうしたなかで問題なのは、先にも触れたように、日本に帰ればそのあとでまた別の日本人がやってきて、永遠にマネージャーのポジションをたらい回しにして、結果として日本人でなければとか、本社の人間でなければといったような理由で、外国人を疎外してゆくことではないだろうか。

一見、日本人が本国の意図をもってマネージをした方が、すべてが簡単に進むものと思いがちだが、これでは現地の組織に力がつかず、従業員のモチベーションも向上しない。

　人は帰っても、企業はその国に残らなければ意味がないということを、よく理解する必要がある。

　企業は、人がアメリカに移民してアメリカ人になるように、それぞれの国に移民し、ネットワークをもちながら、その国で生き残る。そのためには、このコトキンのコメントに代表される海外からの批判を真摯に受け止めなければならない。

　支社の機能がどんどん大きくなり、本社に対しても影響力をもつようになり、そのとき発生する異文化間での軋轢や摩擦を、むしろよしとするぐらいの、斬新なマネージメントのあり方が、今問われている。

　別の表現をすれば、支社が育ち、支社と本社が平等にインタラクティブに交流することを奨励すれば、最初は苦労があったとしても、結果としてはビジネスの規模も大きく広がり、アイディアが多様になり、企業としてのエネルギーが上昇する。こうした、企業こそが、イコーリティの問題をとことん追求した国際企業の理想的な姿なのだ。

アメリカ人との効果的なコミュニケーション

表情と思いを一致させよう	⇔	あいまいな表情、笑みを浮かべるな
目を見て、にこやかに	⇔	目をそらし、日本人だけで目配せするな
距離感、握手→ノンバーバルに慣れよう	⇔	あとずさるな、deadfish handshake* に注意
カジュアルに、オープンな姿勢で	⇔	カジュアルを横柄と誤解するな
質問をその場で確認	⇔	ただ黙って聴くな
WHYへの対応を積極的に	⇔	WHYに対して戸惑うな
ポイントと理由付けと実例で	⇔	起承転結に陥るな
ベネフィットを強調しよう	⇔	リスクだけを持ち出すな
コンプリメントを常に表明	⇔	Difficultという一言/批判ではじめるな
公民権法を理解しよう	⇔	平均主義を持ち込むな
フィードバックをまめにしよう	⇔	あうんの呼吸を持ち込むな
人としては平等という意識を持て	⇔	決して人を背景で判断するな
個人の判断を尊重しよう	⇔	個人のプロセスを否定するな
堂々とフレンドリーに	⇔	謝ってお茶を濁すな
日本は世界の一つと思え	⇔	日本は特殊という感覚を持ち出すな

アメリカ人とコミュニケーションをし仕事をするときには、常にこれらのことに気をつけよう。左側がやってほしいこと。右側はそれに関連して、注意しなければならないこと。

*deadfish handshake = 握力のない(死んだ魚を握っているかのような)、気持ちの悪い握手のこと。海外で嫌われる日本人の悪い癖。

第8章 「イコーリティ」の本質を忘れずに

APPENDIX

誤解を避ける英語表現

[1] 廊下ですれちがったり、エレベーターで人と一緒になったりした時には、必ず笑みを浮かべて、

　　Hi.

よく知っている人の場合は、

　　Hi. How are you?

と声をかけよう。

[2] 相手に自己紹介をする時は、できるだけ早く和やかな雰囲気を作るために、進んで自分のことをファーストネームで呼んでもらうよう働きかけよう。

　　Hi. My name is Hitoshi Tanaka. Nice to meet you. Please call me Hitoshi.

[3] 相手の名前が分からない時は、遠慮なくスペルを聞こう。アメリカでは日本ほど頻繁に名刺を交換しないので、スペルを確認しておくとあとで何かと便利だし、こうした質問は相手に自分が積極的に交流しようとしているというよい印象を与えるものだ。

　　Excuse me. Your name is Michael Giles—Could you please spell your name for me?

[4] アメリカ人が言っていることが分からずに困る時は、その場で相手のスピーチを中断させ、ゆっくり話してもらうようこちらから働きかけよう。

　　Excuse me. Please speak slowly as I am not native English speaker.

[5] アメリカ人の話している単語や内容が分からない時は、相手に分からないとはっきり言おう。

> I don't understand.

相手の言っている内容が不明瞭な時は、再確認することが必要だ。

> Wait! So what you want to say is you cannot meet him on Monday. Am I correct?

特定の単語が分からない時は、その場で意味を確認しよう。

> Ah—arrhyth—?

相手は必ずこう答えてくれる。

> Oh. I am sorry. Arrhythmia means that your heart is not beating regularly.

[6] 自ら言いたいポイントを真っ先に表明すべし。うっかり起承転結に従って背景説明から始めてしまった時は、このように、改めてポイントを強調しよう。

> So my point is that I want to request a budget increase to promote our new product.

[7] プレゼンテーションを行う時は、ポイントを話したあと、下記の順序で話を進める。特にリーズンにあたる部分をできるだけ詳しく語るように心がけよう。

まず、言いたいことのポイントから話を始める。

> I would like you to complete our product sample by the end of this month.

次にその理由を説明する。

> There two reasons for asking you to do such a rush job.
>
> The first reason is that they are testing our reliability as a vender. If we complete our sample on time, they will probably be willing to take the next step of deciding the budget for purchasing our product.
>
> The second reason is that right now we have a very good contact person in this company named Mr. Tanaka. However, he will be moving to their U.S. subsidiary in April. Therefore, if we can forward our sample by the end of this month, we will have a good chance to ask him to talk with their purchase department about considering an increase of the initial order.

理由を述べたあとに、その理由を説明するための具体例を述べる。

> A major client of this company is Mitsutani Department Store, one of the biggest department store chains in Japan.
>
> Also, because of the influence of Mr. Tanaka we could arrange an initial meeting with their purchasing manager. Actually, he has a good connection with the sales director who is selling products to Mitsutani Department Store.

最後にもう一度、ポイントを強調して前向きに締めくくる。

> So, I appreciate your hard work to complete this sample on time. If you can do it, and if we receive a good initial order from that new client, I can quite sure

our sales will increase by 15%.

［8］常に相手のよい点を見つけ、ほめることが大切だ。次のような表現を利用しよう。

I've really appreciate the work you've done on this project.

You've been doing a good job and please keep up good work.

［9］人と打ち合わせをしたり、部下に命令を出すために声をかけたりする時は、次のマナーに従おう。

必ず相手に時間があるかどうか確認する。

Do you have a minute to talk?

会話の時は、スモールトークをして雰囲気を和ませる。

How are you today?

How was your weekend?

必ず相手に質問はないか、意見はないか、確かめる。

Do you have any questions?

最後に相手への賛辞を述べ、締めくくる。

Thank you for talking time for this meeting.

Thank you for your time and I really appreciate your effort for this project.

あとがき

　本書は特に日本とアメリカとの間での、異文化でのビジネス交流というテーマを掘り下げ解説した。

　ある意味で、日本とアメリカとは実に違いの際立った2つの国だ。それだけに、日米間での異文化の問題と、それへの適応法が理解できれば、その解決方法を他にも応用できる。そうした意味で、本書をグローバルなコミュニケーターとなるための参考書として読んでいただければ、筆者は本望である。

　ここで、誤解していただきたくないのは、文化を比較する時、どちらが正しくてどちらが誤っているという解釈は成り立たないということだ。アメリカの価値はアメリカ人にとって心地よいもので、逆に日本人の価値は日本人にとって心地よい。

　そうした心地よさに基準を置いて、善悪の判断をしないことが異文化でのコミュニケーションを理解する上では大切な要素となる。

　また、本書ではアメリカ人にとっての常識を紹介し、アメリカ流のビジネスの進め方や価値観を紹介したが、なにも日本人がそうしたものをことごとく真似る必要はない。大切なことは、自らの企業が実力のある企業に成長するために、いかにアメリカ的な要素と日本的な要素を混ぜ合わせ、より強力な企業文化を創造できるかということである。

　こうしたテーマの延長として、トランスナショナル・マネージメントというものがある。これは、企業が世界でネットワークを広げ、グローバルな規模で生き残り、成長するためのマネージメント・テ

クニックを指すが、私は今後は、こうしたテーマについてさらに掘り下げ、紹介していきたい。

すなわち、アメリカを離れ、いかに世界のどこにでも通用するマネージメント・テクニックを創造するかという視点に立って、トランスナショナル・マネージメントの課題に取り組むわけだ。

そのためにも、逆に最も頻繁に交流し、それでいて文化としては180度の差異がある日米間のケースを勉強することは役に立つことなのだ。

最後になったが、本書の編集で様々な御教授をいただいた椎野礼仁氏、本企画を承認いただき、様々なアドバイスをいただいたアーネスト・ガンドリング、ジョン・ギレスピーの両氏に、心からお礼を申し上げたい。

山久瀬　洋二

トランスナショナル・マネジメント
アメリカ人に「NO」と言い、「YES」と言わせるビジネス奥義

2016年5月3日　第1刷発行

著　者　　山久瀬洋二

発行者　　浦　晋亮

発行所　　IBCパブリッシング株式会社
　　　　　〒162-0804 東京都新宿区中里町29番3号 菱秀神楽坂ビル9F
　　　　　Tel. 03-3513-4511　Fax. 03-3513-4512
　　　　　www.ibcpub.co.jp

印刷所　　株式会社シナノパブリッシングプレス

© Yoji Yamakuse 2016

Printed in Japan

落丁本・乱丁本は、小社宛にお送りください。送料小社負担にてお取り替えいたします。
本書の無断複写(コピー)は著作権法上での例外を除き禁じられています。

ISBN978-4-7946-0407-1